불신자들이 스스로 찾아오는

카페 교회 이야기

박동준 지음

비전북하우스

불신자들이 스스로 찾아오는
카페교회 이야기

초판1쇄 발행 · 2012년 1월 25일
초판2쇄 발행 · 2012년 2월 17일

저　자 · 박동준
펴낸곳 · 비전북하우스
펴낸이 · 이종덕
편　집 · 박애순 조 진 안새롬　표지및삽화 | 김기현
디자인 · 영성네트웍

등　록 · 제 2009-8호(2009. 05. 06)
주　소 · 132-778 서울시 도봉구 해등로 25길 41번지
전　화 · 02) 6221-7930
이메일 · ljd630@hanmail.net
카　페 · http://cafe.naver.com/visionbookhouse

영　업 / 소망사　☎ (02)392-4232, 4233　팩스 (02)392-4231

ⓒ 박동준 2012

정 가 10,000원
ISBN 978-89-962726-5-6　03230

*이 책의 저작권은 저자가 가지고 있습니다.
　저자와 출판사의 허락 없이 책의 내용이나 표지를 인용하거나 복제할 수 없습니다.

불신자들이 스스로 찾아오는

카페 교회 이야기

| 추천의 글 |

새로운 개척의 모델

사람들은 편안하고 자유로운 분위기를 원합니다. 가정에서도 그렇고 직장에서도 그렇고 심지어 교회에서도 그렇습니다. 불편한 곳에서는 머무르려고 하지 않습니다. 그러기에 어느 곳이든 편안함을 느낄 수 있는 분위기를 만들어주어야 사람들이 오게 되고 또 머무르게 됩니다. 교회 특히 개척교회에는 사람이 우선 오게 하는 것이 급선무입니다. 일단 와야 머무르든 떠나든 하기 때문입니다. 그러나 개척교회에는 사람들이 오기를 꺼려합니다. 그렇기 때문에 머무르게 할 방법을 구사할 기회조차 얻지를 못하는 것입니다.

그렇다면 역발상으로 교회를 찾아오게 하는 방법은 없을까요? 있습니다. 여기 주님의 작은 종 박동준 목사가 홀로 경험하고 체득하고 쌓은 사람들이 찾아오는 교회를 만든 노하우가 있습니다. 전혀 생각

을 못했던 방법, 했더라도 방법이나 노하우가 없기에 쉽게 접근해보지 못한 방법, 감히 시도할 용기가 없었던 동역자들에게 박동준 목사가 이해하기 쉽고, 따라하기 쉽게 소개해 놓았습니다.

오늘날에 있어 카페는 교회와 사회, 가정을 연결하는 인터페이스요 허브 역할을 하는 문화 공간으로 자리매김했습니다. 이 간격을 신학화 하면 카페도 교회의 기능을 충분히 감당할 수 있다는 것입니다. 기존의 전통 교회가 많은 물질과 노력을 투자했음에도 불구하고 점점 더 어려워지는 전도나 비그리스도인들과의 교제 같은 문제를 카페 교회에서는 쉽게 해결할 수 있으리라 생각합니다.

한 해에 1,000개의 교회가 개척 되고 1,300개 이상의 교회가 문을 닫는다는 암담한 현실입니다. 그만큼 교회를 개척해서 살아남는다는 것이 과장을 조금 하면 하늘의 별따기만큼이나 어렵다는 것입니다. 그렇다고 주님이 명령하신 하나님 나라를 확장해야 하는 대 명제 앞에 무조건 절망하는 것은 금물입니다.

시대의 변화와 흐름을 정확하게 읽고 하나님께서 원하시는 교회를 세운다면 마치 폭포를 거슬러 올라가는 연어처럼 반드시 '영혼 구원'이라는 선한 목표에 도달할 수 있을 것입니다. 그런 의미에서 박동준 목사의 '카페 교회'는 이 시대에 맞는 새로운 개척 모델이 될 수 있을 것이라고 장담합니다.

앞으로 교회는 모아온 교회가 아니라 모여온 교회가 되어야 합니다. 흩어져 버린 교회가 아니라 세상 속 깊숙이 파견된 교회가 되어야 합니다.

이것이 바로 카페 교회가 이 땅에 지금 필요한 이유입니다. 이 책은 바로 이 이유와 대안을 카페라는 매개체로 흥미롭게 풀어내고 있습니다. 이 카페는 교회와 사회를 연결하는 단순한 인터페이스로서가 아니라 이곳에서 하나님의 세미한 부르심을 듣게 하고, 그 부르심에 응답하는 허브로서의 중요한 역할을 감당하는 곳으로 만들어가는 곳이라는 높은 뜻을 가지고 있습니다.

모쪼록 이 책은 교회 개척의 용기를 잃은 동역자들이나 성장이 이루어지지 않아 실의에 빠진 동역자들 그리고 새로운 방향에서 특별한 목회를 원하는 모든 동역자들과 더 큰 교회성장에 전력하시는 동역자들에게 새로운 동력을 제공하여 하나님 나라를 확장하는데 귀하게 쓰임받을 것을 확신합니다.

이 책을 통하여 우리의 많은 동역자들이 도전받고 용기 백배하여 주님이 명하신 땅 끝까지 복음 전하는 일과 하나님 나라 확장에 기쁘게 헌신하는 역사가 있기를 소원하여 이 책을 기쁜 마음으로 추천합니다.

민들레영토 대표 지승룡 목사

| 프롤로그 |

스스로 찾아오는 교회

   3,000만 원으로 개척 된 교회, 날마다 불신자가 수십 명씩 찾아오는 교회, 바리스타 목사가 직접 아메리카노를 만들어주는 특별한 교회가 바로 제가 개척한 '카페 교회'입니다.
   이 책은 카페 형식으로 교회를 개척하거나 교회 안에 카페를 만들려고 하는 분들에게 실질적인 도움을 드리기 위해 쓴 '카페 교회' 매뉴얼인 동시에 '카페 교회'로 개척해서 목회하고 있는 저의 개척 이야기이기도 합니다.
   일반적인 카페를 만들고 운영하는 방법을 다룬 책들은 여러 권 있지만 '카페'로 교회를 개척하고 운영하는 방법을 다룬 책은 지금까지 단 한 권도 없었습니다. 이 책이 처음인 것입니다. 전문적이고 세부적

인 매뉴얼은 아니지만 개척 시작부터 지금까지 저의 시행착오와 노하우를 자세히 기록했기 때문에 읽는 분들께 도움이 되리라 확신합니다. 그러면 글 재주도 없고, 개척 경험이 2년도 안 되는 제가 왜 이 책을 쓰게 되었을까요? 그에 대한 대답을 위해서는 타임머신을 타고 잠시 개척하기 전으로 돌아가 보겠습니다.

교회를 사임하고 카페 교회로 개척하려는 결심을 하고 나니 정보가 필요했습니다. 저보다 먼저 카페 교회를 시작한 분들을 찾아가 자문을 구하면 시행착오를 많이 줄일 수 있겠다는 생각에서였습니다. 먼저 선배 목사님들께 '카페 교회'에 관해서 물었습니다. 그분들의 답변은 "우리나라에 한두 개 있다고 들은 것 같기는 한데 잘 모르겠다." 내지는 "카페 교회라는 건 금시초문이다."라는 것이었습니다. 그래서 대형 서점으로 달려갔습니다. 반나절이 넘도록 찾아봤지만 역시 '카페 교회'와 관련된 책은 단 한 권도 찾을 수 없었습니다. 마지막으로 인터넷 검색을 시도했지만 결과는 마찬가지였습니다. 목사가 직접 운영하는 '카페 교회'에 대한 자료는 홈페이지는커녕 그와 비슷한 사이트조차 찾을 수 없었습니다.

　우리나라에 적어도 한두 곳 이상은 있다고 들은(교회 카페가 아니라 담임목사가 직접 커피를 만들어주는) '카페 교회' 연락처를 알아야 찾아가거나 전화라도 할 텐데 아무리 찾아봐도 발견할 수 없다는 사실에 마음이 답답해졌습니다. 지금도 사정은 마찬가지입니다. 지금 인터넷에 '카페 교회'를 검색하면 우리 교회(참좋은북카페교회) 홈페이지만 검색됩니다.

　어디서부터 무엇을 어떻게 시작해야 할지 몰라 답답해하고 있을 때 하나님께서는 그 분야의 전문가를 보내주셨습니다. 그분은 저에게 자신의 10년 노하우를 대가 없이 알려줬고, 카페를 운영하는데 필요한 분들을 소개시켜 주었습니다. 덕분에 시행착오를 덜 겪고 카페 교회를 개척할 수 있었습니다.

　2011년 봄부터 지인들을 통하거나 인터넷 검색을 통해서 우리 카페 교회로 찾아오거나 전화로 문의하는 분들이 생기기 시작했고 그

숫자는 점점 많아지고 있습니다. 그런데 막상 찾아와도 한두 시간의 대화로 카페 교회 노하우를 전부 알려주는 것은 불가능한 일이었습니다. 그런 내 모습을 옆에서 지켜보던 한 분이 이런 제안을 하셨습니다. "박 목사님! 목사님이 개척한 카페 교회 이야기를 책으로 내보세요. 거기에 노하우를 쓰면 많은 분들이 도움을 얻을 수 있을 텐데요." 그 말을 들은 저는 겸언쩍게 웃으며 말했습니다. "목사님 제 주제에 무슨 책을 써요. 사람들은 목회의 성공을 오직 '교인수'라는 잣대로만 평가하잖아요. 그 기준에 따르면 저는 아직 성공하지 못한 걸요" 그러자 그 목사님은 이렇게 말했습니다. "박 목사님! 그렇지 않아요. 목사님이 카페 교회로 개척해서 목회 하고 있다는 것 자체가 이미 성공한 겁니다. 부족하면 부족한 대로 목사님이 직접 겪었던 시행착오와 방법들을 나눈다면 개척을 준비하거나 카페를 만들려고 하시는 분들께 틀림없이 도움이 될 겁니다."

생각해보니 정말 그랬습니다. 제가 카페 교회로 개척하려고 했을 때 이런 책이 단 한 권이라도 있었더라면 시행착오를 훨씬 덜 겪었을 테니까요. 그 목사님의 권면에 용기를 내서 '카페 교회 이야기'를 쓰게 된 것입니다. 바람이 있다면 필자보다 '카페 교회'목회를 더 잘하는 분들이 책이나 자신만의 노하우와 이야기들을 책이나 블로그를 통해 공유했으면 합니다.

그리고 이 책에 존댓말 없이 계속 반말을 사용한 이유는 필자와 가장 친한 친구에게 편지를 쓴다는 심정으로 그렇게 한 것이니 넓은 마음으로 이해해주시길 바랍니다.

이 책이 나오기까지는 여러 분들의 도움이 있었습니다. 개척 시작부터 지금까지 아낌없이 우리 교회를 후원해주고 계신 강동교회 이종문 목사님, '북카페 라임'을 통해서 '카페 교회'라는 아이디어를 떠오르게 해주신 일산교회 곽장준 목사님께 깊은 감사의 마음을 표하고 싶습니다.

그리고 항상 관심을 가지고 기도해주는 사랑하는 경은, 명순이 누나와 동생 호준, 기도와 물질로 돕는 교회와 개인 후원자들, LA에서 홈리스 사역을 하고 있는 사랑하는 친구 김범웅 목사, 가까운 곳에서 크고 작은 도움을 아끼지 않는 신실한 친구 이창훈 목사에게도 심심한 감사의 마음을 전합니다.
    끝으로, 믿음의 동역자요 천사처럼 착한 마음을 가진, 세상에서 가장 사랑하는 아내 이성신에게 이 책을 바칩니다.

섬기는 작은 종 *박동준* 목사

part 1 새로운 패러다임의 교회를 생각하다

교회를 사임하다 ··· 20

어떤 교회로 개척 할지 고민하다 ··· 27

교회 카페에서 아이디어를 얻다 ··· 43

일반 교회와 카페 교회의 차이점 ··· 51

왜 카페 교회인가? ··· 57

니들이 아메리카노를 알어? ··· 66

part 2 새로운 패러다임의 교회가 탄생되다

교회 장소를 결정하다 ··· 72
개척자금이 마련되다 ··· 77
지방회(노회)의 승인을 받다 ··· 87
인테리어 공사를 하다 ··· 91
핸드 드립이냐? 에스프레소 머신이냐? ··· 99
머신을 구입하다 ··· 103
비품을 구입하다 ··· 109
책 구입은 어떻게? ··· 119
커피 만드는 방법은 어디에서? ··· 125
할까? 말까? 사업자등록 ··· 131
카페라떼와 카푸치노의 차이점? ··· 137

part 3 카페 교회, 세상과 소통하다

스스로 찾아오는 사람들···144

독특한 형식의 예배로···153

방송사역과 결남결녀 모임이 시작되다···159

사람들을 모으는 문화사역···165

카라멜 마끼아또와 카페모카의 차이점?···171

part 4 카페교회, 나만의 노하우를 공개하다

교회에서 운영하는 카페 커피가 맛없는 이유 · · · 176
규모는 작을수록 유리하다 · · · 183
목이 중요하다 · · · 185
자기만의 메뉴를 개발하라 · · · 189
북카페 어린왕자 메뉴와 가격 · · · 193
열 번 먹으면 한 번은 공짜! · · · 195
집에서도 커피를 만들자 (더치커피) · · · 197
맺는 말, 개척을 꿈꾸는 목회자들에게 · · · 199

에스프레소(espresso) 커피의 핵심. 이탈리아어로 '빠르다'는 뜻으로 추출하는 데 걸리는 시간이 22~30초에 불과하다. 차돌박이·삼겹살 등 기름기 많은 식사 후 마시면 입안이 개운하다.

도피오(dopio) '2배'(double)라는 의미. 에스프레소를 두 배로 마시고 싶거나 카푸치노 등을 진하게 마시고 싶을 때 마시는 커피

Part 1
새로운 패러다임의 교회를 생각하다

cafe
church
story

교회를 사임하다

음… 나는 어떻게 교회를 개척하게 되었을까? 어떤 사람은 자의에 의해서 개척을 하고 또 어떤 사람은 타의에 의해서 개척을 하기도 해. 그런데 나같은 경우는 자의 반 타의 반이라고나 할까? 왜냐하면 교회 사임이 개척의 발단이었지만 꼭 개척이 아니라 다른 교회 부교역자로 갈 수도 있는 상황에서 개척을 선택한 거니까 자의 반 타의 반이라는 거지.

나는 예전부터 마음속에 항상 개척을 꿈꾸고 있었어. 벌써 6년도 넘은 것 같아. 2005년도에 사역하던 강동교회에서 셀교회와 G12에 대한 원리를 배우면서 개척에 대한 비전이 생겼어. 적은 숫자에서 시작하더라도 열두 제자를 세우고, 세워진 자들이 다시 다른 사람들을 세워나가는 그런 교회를 만들고 싶었던 거야.

물론 탄탄한 교회에서 부교역자로 열심히 사역하다가 전통교회 담임목사로 청빙받는 것도 멋진 일이지. 하지만 나에게 그건 매력적인 일이 아니었어. 기존교회에 담임목사로 부임해갔을 때 내가 머릿속에 그리고 있었던 그런 스타일의 교회로 만드는 건 불가능하다라는 생각을 했었거든.

그렇다고 100% 불가능한 건 아냐. 변할 것 같지도 않고, 오랫동안 경직된 사고체계를 가지고 있던 전통교회에 부임해서 놀라운 부흥과 체질변화를 시킨 분들의 이야기도 들어봤으니까. 그냥 내 능력과 수준으로 봤을 때 그렇다는 것이고 기성 교회에 들어가 오랜 시간 동안 변화를 위해 고군분투하기보단 교회를 개척해서 내가 생각하던 교회로 만드는 게 훨씬 더 빠르고 내 체질에 맞겠다는 판단을 한 거지. 그런 생각을 가졌지만 개척이 바로 되나? 나의 인격이나 목회적 자질이 지금도 많이 부족한데 6년 전엔 어땠겠어? 당연히 더 많이 부족했겠지.

참! 어떻게 교회를 개척하게 되었는가를 얘기하고 있었지? 내 정신 좀 봐. 2008년 가을, 부산에 있는 S교회에 부교역자로 오게 됐어. 지금은 태국 산부족(라후부족) 선교사로 계신 박윤식 목사님께서 담임으로 계실 때였지. 원래 나는 청년부 사역하기를 원했지만 박 목사님께서는 나중에 담임목회를 하려면 교구를 경험해야 한다며 나에게 교구와 찬양팀을 맡겨 주셨어.

청장년 합해서 1,000명 정도 출석하는 큰 교회에서 부교역자로 있으니까 좋더라구. 사택도 넓고, 사례비도 괜찮고, 나를 좋아해주는 사람들도 많고…. 그러다보니 마음속에 품고 있던 개척에 대한 생각이 점점 약해지는 거야. 안 해야겠다는 건 아니었는데 지금의 안정을 마음껏 누리다가 나중에 어쩔 수 없는 상황이 되면 해야겠다는 생각으로 바뀌게 된 거지.

편안한 환경속에 있으니 도전정신은 사라지고 안일한 사고방식으로 하루하루를 보내고 있었어. 사람이란 동물이 원래 그런거 아니겠어? 서있으면 앉고 싶고, 앉으면 눕고 싶은거 말야. 그렇게 1년이라는 시간이 지났어. 나를 부산으로 불러주신 박윤식 목사님은 8월에 사임하시고 3개월 정도의 공백기를 거친 후 새로운 분이 담임으로 왔어. 담임목사가 바뀌면 그 전에 있던 부교역자도 바뀌는 것이 우리나라 교회의 전통(?)이잖아. 물론 모든 교회가 그런 건 아니겠지만 대부분이 그렇지. 금방 사임을 하느냐 조금 더 있다 하느냐의 차이일 뿐 … .

담임목사 교체를 계기로 난 사임하게 됐고 난 고민하게 됐지. 어떤 고민을 했을까? 개척을 할 것이냐? 아니면 다른 교회 부교역자로 갈 것이냐를 고민한 거야. 쉬운 일이면 왜 고민을 했겠어? 둘 다 어려운 결정이었기에 고민하게 된 거지.

2010년, 그때 내 나이 서른 아홉. 부교역자로 가기엔 많은 나이였어. 규모가 있는 교회에서는 대부분 부교역자를 뽑을 때 35세 미만을

찾는 경우가 많으니까. 기존 교역자들(후배)보다 나이 많은 선배가 왔을 때 생길 수 있는 마찰을 줄이려는 까닭인 거지. 물론 중소형교회에는 갈 수도 있었겠지.

개척도 마찬가지야. 부산에는 연고가 없어. 그리고 돈도 없었고. 사람도 돈도 없이 연고없는 지역에 개척을 한다는 건 무모한 일이었기 때문에 도대체 어떻게 하는 것이 하나님이 원하시는 건지 답이 잘 안 나오더라구. 일단 부교역자로 3~5년 정도 더 있다가 사십대 중반에 개척하거나 담임목사로 가는 게 하나님의 뜻인지, 아니면 지금 개척하는 게 하나님의 뜻인지 모르겠는 거야.

나는 현재 교회에서는 사임하기로 결정하고 나서 부교역자로 가야 할지, 아니면 개척을 해야 할지 답을 달라고 하나님께 간절히 기도하기 시작했어. 기도만 한 게 아니라 전에 사역했던 교회 목사님들과 신앙의 선배 목사님을 찾아가 어떻게 하면 좋을지 의견을 물었어. 그리고 기도원에 가서 금식하며 기도했지. 정말 간절히 말이야. 다행스럽게도 하나님의 응답은 그리 오래 걸리지 않았어. 내가 금식에 약하다는 것을 우리 하나님께선 아셨던 게지.

어떤 응답을 받았을까? 금식하며 성경을 읽는데 여호수아 말씀을 주시는 거야. 1장 6절 "강하고 담대하라 너는 내가 그들의 조상에게 맹세하여 그들에게 주리라 한 땅을 이 백성에게 차지하게 하리라" 이 말씀을 평소에 몰랐겠어? 알고 있었지. 그런데 이 말씀이 내 심령을 강하게 터치하기 시작했어. 아주 강하게 말이야.

내 가슴은 뜨거워졌고 하나님께서 이 말씀을 통해 담대하게 개척하라고 응답해주셨다는 사실을 깨닫게 됐어. 아무 연고도 없는 부산, 다른 지역에 비해 교회 성장이 몇 배 더 어렵다는 부산 땅에 개척을 하기로 작정한 거지. 이건 나에게 있어 참 놀라운 일이야. 서울에서 태어나 주로 서울에서만 사역하다가 먼 부산에 부교역자로 온 것만도 내 인생에서 상상하지 못했던 모험인데 거기에 한 술 더 떠 아무 연고도 없고, 예수 믿는 사람이 열에 한 명도 되지 않는 영적 불모지인 부산 땅에 개척하려는 마음까지 먹었으니까 말이야.

처음부터 얘기를 너무 길게 하면 듣는 사람도, 말하는 나도 힘들어. 그러니까 이제 줄여야겠다. 결론적으로 하나님은 담임목사 교체라는 사건을 통해 나를 자의 반 타의 반 개척으로 상황을 몰아가셨어. 그게 하나님의 섭리야. 나는 사십대 중반쯤 돼서 개척을 하면 좋겠다고 생각했지만 하나님은 그게 아니셨던 거지.

이렇게 내 생각과 하나님의 생각이 달라. 그럴 때 내 생각을 고집하면 평안을 잃어버리고 삶도 힘들어지지만 하나님의 생각을 선택하면 상상하지도 못했던 기적을 경험하게 되더라구. 그래서 개척에 대해 두

려움을 가지고 있는 목회자를 만나면 나는 자신있게 개척을 권해. 왜? 내가 개척을 통해 놀라운 기적과 하나님의 도우시는 은혜를 많이 경험했으니까.

 다음엔 내가 교회를 사임하고 어떻게 개척을 준비했는가에 대해서 얘기해줄 게. 기대하시라. 오늘은 여기까지….

나는 조반상에 더할 수 없는 벗(友)을
한 번도 빠뜨린 적이 없다.
커피를 빼놓고는 그 어떤 것도 좋을 수가 없다.
한 잔의 커피를 만드는 원두는
나에게 60여 가지의 좋은 아이디어를 가르쳐준다.

- 베토벤 -

어떤 교회로 개척할지 고민하다

 오늘은 두 번째 이야기를 시작할까 해. 교회사임을 앞두고 말씀과 기도, 신앙의 선배들의 조언을 통해서 하나님께서 나에게 '개척'하기 원하신다는 확신을 갖게 됐어. 그런데 그와 동시에 고민도 시작됐지. 어떤 고민이었을까? 한번 상상해봐.

 뭐? 모르니까 빨리 얘기나 해달라고? 미안미안. 괜한 걸 요구한 거지? 개척을 해야겠다는 생각을 하자마자 시작된 고민은 바로 '어떤 교회를 개척할 것인가'였어. 아니, 교회는 다 똑같은 거지 뭐 그런 고민을 하느냐구? 물론 대부분의 사람들은 그렇게 생각할 거야. 하지만 나는 고민할 수 밖에 없었어. '교회는 다 똑같다'는 말에 동의할 수 없었거든. 이런 생각을 가지고 있었기 때문에 어떤 교회로 개척할 것인가 하는 문제가 나에게는 중요했지.

 물론 남들이 하는 것처럼 일반적인 형태의 교회로 개척하는게 가장 쉬운 선택이었지. 하지만 쉽다고 해서 다 좋은 건 아니잖아. 쉽지 않아도 더 나은 것이 있다면 어려움은 충분히 감내할 수 있다는 생각이 들었던 거지. 그와 동시에 내 머릿속엔 새로운 패러다임의 교회가 꿈틀거리기 시작했어. 그래서 고민했던 거야.

일단 여기서 생각해봐야 할 게 있어. 일반적인 형태의 교회 개척은 어떤 걸까? 대부분의 목회자들이 개척하는 형태야. 조금 더 이해가 쉽도록 자세하게 설명을 해볼게. 일반적인 형태의 개척은 대부분 상가에서 이루어져. 정말 돈이 없으면 가정에서 시작하기도 하지. 그런데 가정교회는 특수한 케이스니까 나중에 생각하도록 하고 일반적인 개척은 상가에서 시작하고 위치는 재정 형편에 따라 돈이 없으면 지하에, 넉넉하면 상가 고층 또는 좋은 곳에 자리를 잡지.

교회 내부는 어떨까? 규모가 어떻든 간에 내부 인테리어는 비슷비슷해. 의자는 장의자이고(요즘엔 개별 의자를 놓기도 하는 교회도 간혹 있기는 하지만 보편적인 경우는 아니야), 앞엔 강단을 만들어. 입구엔 'ㅇㅇ교회'라는 간판도 큼지막하게 걸어놓지. 만약 옥상에 아무것도 없으면 십자가 종탑도 세워. 이런 모습으로 개척하는 것을 일반적인 개척이라고 말하는 거야.

이렇게 대부분의 목회자들이 개척하는 형태의 일반적인 개척교회는 기존의 중대형 교회를 작게 축소시킨 축소판이라고 할 수 있어. 교회

건물의 외형적, 내형적 모습뿐만 아니라 예배형태나 프로그램도 비슷하니까. 뭐가 비슷하냐구? 대표적인 건 예배 순서가 비슷해. 묵도로 시작하고 대표 기도하고, 특송하고, 설교하고, 헌금시간 있고, 축도로 마무리 하지.

 차이점이 있다면 사람들이 많은 중대형 교회에 비해서 예배가 약간 썰렁하다는 거? 왜냐하면 개척교회는 사람들이 적기 때문에 순서를 다 채워 넣을 수 없어. 성가대 찬양도 없고, 찬양팀이 찬양 인도도 안 해. 그러다 보니 예배가 힘도 없어. 그뿐인가? 예배 횟수도 비슷하지. 교인이 있건 없건 매일 새벽 기도를 드려. 수요 예배도 해야 하고, 금요 철야도 드려야 해. 주일은 어때? 11시에 대 예배를 드리고, 오후 2시엔 오후 예배를 드려. 목사는 목사대로, 교인은 교인대로 참 자주 볼 수밖에 없지.
 사람이 많은 것도 아닌데 너무 자주 본다는 게 기쁨일 수도 있지만 때로는 교인 입장에서 부담일 수도 있어. 교인만 부담되나? 개척교회 담임목사도 부담되는 일이 있는데 바로 '탈진' 이야. 일주일에 새벽 기도를 포함해서 최소한 8~9번의 설교를 하다 보니 금방 영육간의 에너지가 고갈되는 경우가 많아. 우물에 물이 가득차야 그 물을 퍼낼 수 있는데 너무 퍼다 써서 바닥이 보일 만큼 물이 적은 대도 물을 퍼내야 하니 얼마나 힘들겠어. 그래서 아이러니하게도 개척교회 목사들이 과로도 많고 스트레스도 많아.

어쨌든 이렇게 사이즈의 차이만 있을 뿐 기존의 중대형 교회와 거의 같은 형식과 내용으로 개척하는 것을 '일반적인 개척 교회'라고 하는 거지. 대부분 이렇게 개척을 하고 있는데 예나 지금이나 똑같아. 변함이 없지. 또 변함이 있을 수도, 있어서도 안 된다고 생각해.

하지만 나는 생각이 달랐어. 이렇게 다른 사람들처럼 일반적인 개척교회로는 개척하고 싶진 않았다는 거지. 거기에는 이유가 있었어. 말해줄께. 그것은 내가 일반적인 개척교회로 개척할 때 성공 확률이 희박하다고 생각했기 때문이야. 다른 사람들은 모르겠어. 능력있는 분들도 많으니까. 내가 그렇다는 말이야. 내가 내 자신을 잘 알잖아.

혹시 '개척교회 성공률은 10%다' 라는 말을 들어봤는지 모르겠네. 여기에서 '성공' 이라는 건 어떤 의미일까? 세속적인 성공, 즉 성전을 크게 건축하고, 교인이 수백 수천 명을 만드는 것과 같은 의미일까? 아니 그렇지 않아. 내가 생각하는 개척교회의 '성공'은 훨씬 더 소박한 의미야. 다른 말로 표현하자면 '자립'과 같은 의미야. 즉 '개척교회 성공 = 개척교회 자립' 이라는 등식이 성립되는 거지. 개척교회 성공률이 10%라는 말은 개척해서 일정 기간(3~5년 이내) 안에 자립하는 교회가 열 교회 중 하나란 의미거든. 그러면 나머지 90%인 아홉 개의 개척교회는? 자립을 못하는 거지.

이번엔 '자립'이란 말의 의미를 말해야겠네? 자립은 말이야. 교회가 외부의 재정적인 도움(선교헌금)을 받지 않고 자체 교인들이 내는 헌금만으로 운영되는 것을 의미해. 모든 개척교회 목사들이 최우선적으로 꿈꾸는 게 바로 교회의 '자립'이야. 이렇게 3~5년 이내에 개척교회가 자립하는 모습이 가장 바람직하겠지만 현실은 그렇지 않아.

통계적으로 볼 때 개척교회 열에 아홉은 자립을 못해. 자립을 못하는 교회는 어떻게 될까? 둘 중 하나지. 개척한 목사가 돈이 많거나 사모가 안정적으로 돈을 벌 수 있다면(물론 교회를 유지할 수 있을 정도라면 꽤 많은 돈을 벌어야 하겠지만) 헌금을 내는 교인이 적거나 없어도 자립은 가능해지지.

그런데 이런 사례는 아주 드물어. 대부분 목사도 나처럼 가난한 사람들이 많고 사모도 직장 생활을 하지 않아. 이런 현실 속에서 어떤 식으로든 교회를 유지할 수 있는 '재정'을 마련하지 못하면 어떻게 될까? 어떻게 되긴. 교회 문을 닫을 수밖에 더 있어? 월세를 내야 하는데 월세 낼 돈이 없으면 보증금 깎아 먹다가 쫓겨날 수밖에 없잖아.

농어촌교회는 도시교회와 약간 다른 것으로 알고 있어. 농어촌이라는 지역적인 특성상 장기적인 후원이 가능하다고 들었어. 물론 모든 농어촌교회가 다 그런 건 아니겠지만 그래도 농어촌은 사람 숫자가 워낙 적기 때문에 후원하는 교회가 그런 부분을 감안하는 거지. 하지만 도시에 개척한 교회는 장기적으로 후원받는 일이 어려워. 짧으면 1년, 길어야 3년이야. 물론 후원을 받아내는 일부터가 어렵지만.

어쨌든 도시교회에서 3년 안에 자립이 안 되면 목사들은 처절한 돈과의 사투(?)를 시작할 수밖에 없어. 들어오는 수입은 없는데 나가야 할 지출(월세, 공과금, 관리비)이 많아지면 많아졌지 줄어들지는 않거든. 게다가 자녀들이 커가면서 교육비 지출 폭이 빠른 속도로 커지게 되고. 이렇게 재정적으로 어려운 상황에 몰린 목사들은 고민을 하기 시작해. 결국엔 개척교회 목회를 포기하고 부목사로 들어가는 경우도 많이 봤어.

그런데 말이야. 개척교회 하다가 부목사로 가는 것도 나이가 적거나 인맥이 있어야 그런 기회가 생기는 거지 아무나 그렇게 갈 수 있는 것도 아니야. 나이가 많거나 인맥이 없어서 부목사로 들어갈 수도 없는 목사들이 훨씬 더 많아. 그러면 어떻게 해? 목사가 일을 해서라도 돈을 벌어야 하지. 본의 아니게 눈물겨운 부업 전선(?)에 뛰어들어. 어떤 목사는 새벽에 신문을 돌리거나 우유 배달을 한데. 어떤 목사는 공사장에서 막노동을 하기도 하고. 어떤 목사는 밤새도록 세차를 해. 요즘엔 대리운전도 유행이라지?

얼마 전에 이런 뉴스를 접한 적이 있어. 개척교회에서 목회하시던

목사님이 교인이 줄어들자 재정이 악화됐고, 결국 교회 문을 닫았어. 고 3인 딸의 학자금을 벌기 위해 대리운전을 하게 됐는데 그만 교통사고로 돌아가셨어. 정말 가슴 아픈 사연이야. 그런데 왜 이 뉴스가 남의 일처럼 안 느껴질까? 물론 이건 극단적인 예지만 재정 자립이 안 되기 때문에 이런 식으로 부업을 하는 개척교회 목사의 수가 점점 많아지고 있다는 거야.

 목사가 열심히 부업을 해서라도 재정 자립이 이루어지면 얼마나 좋겠어? 그런데 문제는 현실적으로 그게 어렵다는 거지. 부업해서 버는 돈가지고는 교회를 유지하기가 너무 어려워. 결국 부업하다가 몸도 망가지고, 보증금도 다 까먹고, 빚을 안고 교회 문을 닫게 되는 경우가 많다더라구.

 물론 개척 초기에 든든한 개척 멤버들이 있으면 얘기는 조금 달라져. 자립 확률은 훨씬 더 높아지니까. 그런데 개척할 때 확실하고 든든한 멤버들과 함께 시작하는 목사들이 얼마나 되겠어? 열에 한 명이나 될까? 열에 아홉은 재정도 부족하고, 멤버도 없이 개척을 시작하거든. 나도 예외는 아니었어. 난 서울사람이고 아내는 인천사람이기 때문에 부산에는 아무 연고가 없어. 사역도 주로 서울쪽에서만 했고…. 부산에는 친척이나 친구 같은 지인들도 없었고.

전에 사역하던 교회 교인들 가운데 개척을 함께할 멤버도 없었어. 물론 아무것도 없이 개척하려는 내 모습을 보고 안쓰럽게 여겨 따라 나오려고 하는 몇 가정도 있었지. 그런데 막상 개척이 현실화되자 몸 담고 있던 교회를 떠나 개척교회로 합류하는 일에 대해 주저하는 모습을 보이더라구. 그런 모습을 본 나는 그냥 남아 있으라고 했어. 우리 부부 둘이 시작하겠다고 ….

교인들 가운데 개척 멤버로 합류하겠다고 말했다가 막상 개척할 때가 되면 안 따라오기 때문에 그 말을 믿지 말라는 말은 선배 목사님들로부터 많이 들었지만 그런 일을 내가 직접 경험하고 나니까 그 말이 정말 실감 나던 걸! 깨닫는 것도 많았고…. 오직 하나님 한 분만 의지하라는 아버지의 뜻임을 알 수 있었지. 돌이켜보면 좋은 경험이었어. 물론 다시 하고 싶지는 않지만 말이야.

혹시라도 개척을 준비하는 목회자 가운데 '개척 멤버로 따라 가겠습니다'라고 하는 교인이 있다면 그 말 믿지 않는 게 좋아. 그리고 이렇게 말해. '말씀은 정말 감사합니다만 마음만 받겠습니다.' 어때? 쿨하지 않아? 너무 섭섭해 할 것 없어. 그 사람이 변덕스럽거나 나빠서가 아니야. 환경이 그렇게 만드는 거니까 ….

베드로를 생각해봐. 다른 사람들은 주님을 배신할지라도 자기만큼은 절대 부인하지 않을 거라고 큰소리쳤잖아. 죽더라도 따라가겠다고 호언장담한 거지. 그때 주님을 향한 베드로의 다짐은 계산적인 거짓말이었을까? 아니, 나는 그렇게 생각하지 않아. 틀림없이 마음 깊은 곳에서 우러나온 진심이었을 거야. '다른 제자들은 주님을 배신할지라도 나는 절대로 부인하지 않을 거야.'라는 자신감과 확신이 베드로에겐 있었던 거지.

그런데 말이야. 사람은 참 연약한 존재야. '고통'이라는 상황에 처하면 '두려움'을 느끼게 되고, 그 '두려움'은 원래 먹었던 마음을 바꿔놔. 이렇게 상황에 따라 갈대처럼 흔들리는 존재가 사람이라는 거야. 나에게 개척 멤버로 따라 나오겠다고 한 몇몇 가정의 말은 계산적인 거짓말이 아니라 마음 깊은 곳에서 우러나온 진심이었다고 난 믿어. 그 사람들은 신실하고 믿음도 좋은 신앙인이거든. 그런데 막상 따라 나오려고 하다 보니 걸리는 게 많은 거지. 환경을 바라보니 자신이 없어지는 거야.

어떤 환경들일까? 자녀가 있다면 주일학교 교육이 걱정되거든. 개척교회에는 주일학교를 따로 시작할 여력이 없잖아. 시작한다 하더라도 큰 교회 주일학교 시스템하고는 비교할 수 없을 만큼 열악할 수밖에 없고. 요즘은 자녀따라 부모가 교회를 옮긴다는 우스갯(?) 소리도 있는 상황임을 생각하면 주일학교 문제가 결코 작은 건 아니라고 생각해. 그리고 헌금 부분도 부담으로 다가오지. 개척교회기 때문에 자신이 감당해야 할 일도 많을 거라는 생각에 심적 부담이 되고, 개척교회로 가는 것을 별로 탐탁히 여기지 않으시는 부모님들의 반대도 부담스럽고. 이런 환경에 직면하다 보면 개척 멤버로 따라가야겠다는 생각이 자기도 모르게 쏙 들어가는 거야. 난 그 사람들의 마음을 충분히 이해할 수 있겠더라구.

그런데 무슨말 하려다가 이런 말까지 나왔지? 그래, 자립에 대해서 말하고 있었지? 내정신 좀 봐, 여하튼 나는 부산에 연고도, 개척을 함께할 멤버도 없었어. 누구 말마따나 맨땅에 헤딩하는 '쌩개척'을 하려고 하고 있었던 거지. 아내와 단 둘이서 말이야. 이렇게 악조건속에서 출발하는데 다른 교회와 차별되지 않는 똑같은 형태의 교회로 개척한다는 건 자립은커녕 필패할 수밖에 없다는 생각이 들었던 거야. '실패' 말고 반드시 패하는 '필패' 말이야. 난 필패하고 싶지 않았어. 물론 그 어느 누구도 필패하고 싶어하는 사람은 없겠지. 필패를 경험하지 않기 위해서는 차별화되고 새로운 형태의 교회로 개척해야 한다는 생각이 들더라구.

세상은 엄청난 속도로 변해가고 있어. 휴대폰만 봐도 그래. 70~80만원 주고 구입한 고가의 휴대폰은 1년만 지나봐. 금방 구닥다리 취급을 받아. 세상의 유행도 마찬가지고. 이 세상을 살아가는 사람들의 사고방식도 마찬가지야. 1년 전엔 받아들여지지 않던 모습이나 가치관

이 지금은 받아들여지는 변화 무쌍한 예측불허 시대에 살고 있어. 이렇게 세상은 엄청난 속도로 변해왔고, 변해가고 있는데 교회의 변화는 너무 느리다는 것이 문제야. 하기사 교회는 별로 변화해야 한다는 생각조차도 하지 않는 경우도 많지만.

오해하지는 마. 교회가 무조건 세상 따라 변해야 좋다는 말을 하는 건 아니니까. 교회의 핵심이자 본질인 십자가와 하나님의 말씀은 아무리 오랜 시간이 지나도 변하지 않아. 물론 변해서도 안 되고. 하지만 변해야 할 것들도 분명히 존재해. 본질 말고 외적인 것들은 바꿀 수 있으면 바꿀 필요도 있다는 말이지. 예를 들면 속사람은 그대로더라도 입는 옷은 시대에 따라 바뀌어야 하잖아. 21세기를 살아가면서 옷은 20세기의 것을 걸치고 다닌다면 어떡해? 당연히 구식이라고 손가락질 받겠지.

그런데 교회는 변해야 할 것들에 대해서도 너무나도 둔감하게 반응해. 30~40년 전만 하더라도 세상 문화보다 교회 문화가 앞서 있었는데 지금은 세상 문화에 질질 끌려다니기 바빠. 세상이 교회를 패러디하는 게 아니라 교회가 세상을 패러디하기에 급급한 시대가 되어버렸어. 여러 가지 면에서 구식이란 말이지. 그중 하나가 바로 교회 개척에 관한 부분이야. 30~40년 전에 개척 방식이나 지금이나 별로 다를 바가 없어. 차이점을 굳이 말하자면 옛날에는 맨 땅에 천막 치고 했는데 요즘엔 상가에서 시작하는 정도가 다르다고나 할까?

 어떤 사람들은 다르게 개척해야 한다는 생각을 해보기는 하지만 새로운 것을 시도하지 못해. 어떻게 다르게 해야 할지 전혀 감이 안 잡히는 거지. 또 다른 개척 모델을 봤어야 도전할 생각이라도 할 텐데 새로운 교회개척 모델에 대해서 듣지도 보지도 못했으니 도전할 수가 있나. 내 말을 오해하지 말고 들었으면 좋겠어. 예민할 수 있는 부분이니까. 예전과 같은 형태, 신앙의 선배들이 늘 하던 형태로 개척한다는 게 반드시 잘못됐다는 말이 아니야. 그렇게 개척해서 성공하는 목회자들도 아주 소수지만 있긴 하니까. 내 말은 모두 다 천편일률적으로 똑같은 형식의 교회를 개척해야만 한다는 생각은 버리자는 거지. 그러면 어떻게 해야 할까? 세상의 변화와 흐름에 맞는, 자신만의 강점을 살린 독특하고 차별화된 교회를 세우려 시도하는 것도 바람직하지 않겠냐는 거야.

 세상은 많이 변했어. 교회를 바라보는 시선도 많이 달라졌어. 세상 사람들은 교회를 향해 '개독교'라 부르기를 주저하지 않아. 개척되는 교회 수보다 문을 닫는 교회 수가 더 많고, 천주교 교세는 성장하는데 반해 개신교 교세는 눈에 띄게 감소하고 있는 게 지금 우리 현실이야. 이렇게 달라진 환경속에서 복음을 전하기 위해서는 교회도 달라져야 한다고 나는 믿어. 세상과 어우러질 수 있는 그런 옷을 입을 필요가 있

다는 말이지. 그렇기 때문에 교회 개척도 형식이나 내용에 있어 달라져야 한다고 믿었고, 기존 교회와는 많이 다른 그런 형태의 새로운 교회를 세우리라 마음먹었어. 세상 속에 들어가서 세상 사람들을 끌어안을 수 있는 그런, 교회의 모양도 다르고, 예배 스타일도 다른 그런 특별한 교회 말이야.

'틈새시장'이라는 말을 들어봤겠지? 특정한 성격을 가진 소규모의 소비자를 대상으로 판매목표를 설정하는 것으로 남이 아직 모르고 있는 좋은 곳, 빈틈을 찾아 그곳을 공략한다는 말이야. 매스마케팅(대량생산-대량유통-대량판매)에 대립되는 마케팅 개념으로 최근 시대 상황의 변화를 반영하고 있는 개념인 거지. 나는 이 개념이 교회에도 적용된다고 봤어. 우리나라 그리스도인들의 대부분을 차지하는 90%는 일반적이고 보편적인 교회에서 신앙생활 하기를 원해. 하지만 나머지 10% 소수의 사람들은 일반적인 교회보다는 독특하고 새로운 형태의 교회를 찾아 신앙생활 하기를 원하지 않을까? 왜? 기존교회 체제에서 편안함이나 만족을 못 느끼거든. 새로운 것을 원하는 그런 소수의 사람들에게 맞는 교회, 또 불신자들이 쉽게 발을 들여놓을 수 있는 그런 차별화된 교회를 세워야겠다는 게 내 생각이었어.

한편으로는 일정 부분 재정 자립 문제도 해결할 수 있는 교회가 필요했어. 무슨 말이냐구? 교회개척이 코앞으로 다가오니까 현실적인 문제들이 눈에 보이기 시작하더라구. 어떤 문제들이 보였을까? 바로 '사람'과 '돈'이야.

그래, 개척교회에서 중요한 두 가지가 바로 사람과 돈이야. 하기사 개척 교회만 이 두 가지가 중요하겠어. 기존교회도 마찬가지겠지. 문제는 개척교회에서 '사람과 돈' 문제를 해결하기가 하늘에 별따기라는 거야. 왜? 개척교회에 사람들이 오지 않으니까. 요즘 사람들은 개척 교회로 가서 신앙 생활하는 것을 아주 꺼리는 것 같아. 그래도 예전엔 사명감을 가지고 개척교회에 가서 열심히 신앙생활 하는 사람들도 간혹 보이곤 했는데 말이야.

이렇게 기존 신자가 개척교회로 수평이동 하는 일도 거의 없는데다가 불신자를 전도해서 나오게 하는 일도 더 어려워졌어. 이렇게 기신자든 불신자든 사람들이 오지 않으니까 헌금이 들어올리 없고, 헌금이 없으니 당연히 교회를 유지할 수 있는 재정이 확보되는 것도 힘들겠지? 이게 바로 개척교회의 현실이고 어려움이야.

개척해서 선교비 후원이 유지되는 기간은 통상적으로 2~3년 밖에 안 돼. 그런 까닭에 선교 후원이 끊어지기 전까지 교인들이 생겨서 그들이 낸 헌금을 통해 교회가 자립하는 모습이 모든 개척교회 목사들이 꿈꾸는 이상이야. 그런데 이상은 이상이고, 현실은 그리 녹녹치 않아. 3년이라는 시간이 지났는데도 재정 자립할 만한 교인이 안 생긴다면? 어떻게 해야 돼? 그냥 문을 닫아? 그럴 수 없잖아. 포기하지 말고 어

떻게 해서든 버텨야지. 실낱같은 가능성이라도 있다면 말이야. 그래서 생각했어. 자력으로 교회 재정 전체를 자립할 수 있다면 당연히 '할렐루야!' 지만 일정 부분이라도 자립할 수 있다면 큰 도움이 되지 않겠는가 하는 … . 특히 나처럼 인맥도 별로 없어서 도와달라고 손 벌릴 곳도 별로 없는 목사라면 더더욱 재정 자립은 필요한 일이거든.

 이런 이유들 때문에 일반적인 교회로 개척은 할 수 없었어. 틈새시장을 공략할 수 있는 그런 작지만 독특한 교회, 자력으로 재정 자립을 할 수 있는 그런 교회를 세워야 했어. 결국 많은 고민 끝에 내 나름대로의 결론을 내리게 됐는데 그게 바로 '카페 교회'야. 뭐? '카페 교회'라고? 어때? 귀가 쫑긋해지지? 그럴 수밖에 없겠지. '교회 카페'라는 말은 많이 들어봤겠지만 '카페 교회'라는 말은 금시초문일테니까.
 자! 오늘은 여기까지 하고 다음엔 대한민국 땅에서 아주 생소하고 낯선 개념인 '카페 교회'에 대해서 얘기해줄 테니 기대하시라!!!

커피는 우리를
진지하고 엄숙하고 철학적으로 만든다
- 조나단 스위프트(영국의 풍자 작가) -

교회 카페에서 아이디어를 얻다

 오늘은 새로운 개념인 '카페 교회'에 대해서 얘기해볼게. 인터넷이나 지인들의 소개를 통해서 우리 카페 교회를 탐방하러 오시는 분들이 나에게 자주 질문하는 것 중 하나가 바로 이거야. "어떻게 교회 개척을 카페로 할 생각을 했습니까?"

 그래. 그럼 나는 어떻게 해서 개념조차도 아주 생소한 '카페 교회'로 개척할 생각을 하게 되었을까? 이번엔 이 질문에 대해 답을 할 생각이야. 머리가 비상해서? 천만의 말씀이야. 그러면 돈 버는 것을 좋아해서? 그것도 아니지. 돈 벌려면 목 좋은 곳으로 가서 더 멋지게 꾸몄겠지.
 내가 카페 교회로 개척할 생각을 하게 된 계기는 성공적인 교회 카페를 봤고, 그것을 교회 개척에 적용해야겠다는 발상의 전환이 있었던 까닭이었어. 그렇다면 내가 카페 교회의 모델로 삼았던 교회 카페는 어디일지 궁금하지? 바로 일산에 있어. 카페 이름은 '라임'이야. 내가 부목사로 있었던 일산교회(담임목사: 곽장준)에서 운영하고 있는 교회 카페야. 그냥 카페가 아니라 책이 있는 북카페지.

교회에서 운영하는 카페는 많이 있어서 별로 특별하지도 새롭지도 않아. 그치? 왜냐하면 몇 년 전부터 교회 안에 카페를 만드는 게 무슨 유행처럼 됐잖아? 그러면 어떤 까닭으로 교회 안에 카페를 만드는 게 유행처럼 됐을까? 그 이유는 간단해. 기존 교회들은 십몇 년 전부터 '비전 센터'라는 이름으로 교육관 용도의 건물을 짓기 시작했어. 그런데 짓고 나서 보니까 활용도가 너무 적은 거야. 대부분 평일에는 텅 텅 비어 있기가 일수거든. 토요일이나 주일에 주일학교 교육관이나 교인들 휴게실로 잠깐 이용될 뿐이니까. 요즘은 중고생은 말할 것도 없고 초등학생들도 바쁘기 때문에 아이들이 평일에 교회 놀러오는 건 상상하기가 어려워.

성전을 멋지게 건축한 경우에도 공간 활용이 고민이야. 목회자들의 고민이 시작된 거야. 어떻게 하면 놀고 있는 공간을 주중에도 활용할 수 있을까 하고 말이야. 가능하면 전도의 통로가 되면 더 좋고. 그러던 차에 마침 몇 년 전부터 대한민국 땅에 커피 바람, 카페 바람이 불기 시작했어. 곳곳에 카페가 생겨났고 사람들이 자연스럽게 드나들며 커피를 마시기 시작한 거야. '아메리카노'니 '카페라떼' 같은 단어들이

44 불신자들이 스스로 찾아오는 카페교회 이야기

낯설지 않게 다가오기 시작했지. 이런 분위기 속에서 교회가 놀고 있는 공간 안에 카페를 만들어 세상 사람들과의 접촉점을 삼기 시작한 거야.

그래서 교회 비전센터 안에(본당일 수도 있고) 카페를 만들기 시작했어. 일반 카페를 흉내내서 인테리어도 그럴 듯하게 하고, 에스프레소 머신도 좋은 것으로 사다 놓고, 원두도 비싼 데서 구입해왔지. 담임목사의 바람은 교인들이 교회 카페를 휴식처이자 전도의 장소로 활용하는 거야. 교인이 주변의 불신자들을 교회 카페로 초대해서 차를 마시면서 전도하는 모습을, 또 주변에 사는 불신자들이 교회 카페로 와서 차를 마시는 모습을 상상하니 저절로 담임목사의 입가에 미소가 지어졌어.

그런데 현실은 어때? 그게 잘 안 돼. 교회 안에 정성을 다해 카페를 만들어 놨는데 활용이 별로 안 되는 거야. 전도 대상자를 카페로 초대해서 차를 대접하고 전도하려는 그런 열심을 가지고 있는 교인들은 소수야. 게다가 아무리 좋은 원두와 저렴한 가격을 무기로 삼아도 이웃에 사는 불신자들이 교회 카페로 잘 안 오는 거야. 왜? 카페를 가려면 교회 안으로 들어가야 한다는 부담감이 크거든.

그 뿐인가? 카페를 운영하는 일도 만만치 않아. 돈주고 아르바이트를 쓰자니 돈이 아깝고, 교인들을 쓰자니 자원봉사 하겠다는 사람 구하기가 힘들어. 교인 수가 많은 대형 교회야 자원봉사자를 구하는 건 어려운 일이 아니지만 교인 출석이 200~300명 미만인 교회만 하더라도 카페를 무리 없이 운영할 만큼 충분한 자원봉사자를 뽑는 게 쉬운 일이 아니거든. 또 요즘 교인들은 교회 일에 매여 있는 것에 대해 부담스러워하기도 하고.

그러다보니 어떤 일이 생겨? 교회 안에 카페를 멋지게 만들어 놓고 운영을 잘 안 해. 아니 안하는 게 아니라 못해. 어떤 교회는 억대에 가까운 돈을 들여 카페를 만들어 놓고도 교인이나 지역 주민들이 잘 이용하지 않으니까 없애버리고 그냥 교역자 사무실로 만는 경우도 있어.

얼마 전에 샘텀에 있는 큰 교회 카페를 가봤어. 그런데 들어가보니 카페 안에 불이 꺼져있는 거야. 왠일인가 했는데 관리한다는 집사가 옆 식당에서 뛰어나오면서 한다는 말이 평일엔 이용하는 사람이 거의 없기 때문에 전기세 아까워서 불도 꺼놓은 거래. 사람이 올 때만 켠다더라구. 교인이 천 명도 넘게 출석하는 교회 사정이 그런데 다른 곳은 오죽하겠어?

이 얘기도 한번 들어봐. 지난 달 미국으로 떠나기 위해 인천공항에서 커피를 마시고 있는데 핸드폰으로 전화가 왔어. 모르는 번호였지만 받았지. 창원에 있는 교회 전도사인데 교회 안에 카페를 만들려고 하

는데 몇 가지 질문을 하고 싶다는 거야. 그래서 하라고 했지. 이것저것 묻다가 "교회 안에 카페를 만들면 어떤 장점이 있을까요?"라는 질문을 하더라구. 나는 주저하지 않고 바로 대답해줬어. "장점 없습니다. 굳이 장점을 말해달라고 한다면 교회 안에 그럴 듯한 시설을 갖춰놓은 교인들 휴게실 하나 더 늘어난다는 정도일까요?" 내 직설적인 대답에 그 전도사는 순간 당황하는 눈치였어. 당황해도 할 수 없어. 묻는 말에 솔직하게 대답하는 게 올바른 행동이니까.

웬만하면 교회 안에 카페를 만들어 놓고 지역에 있는 불신자들이 찾아오기를 기대하지 마셔. 그건 그네들의 마음을 잘못 파악하는 거야. 입장을 바꿔놓고 생각해봐. 절이나 성당에 저렴한 카페가 생겼다고 들어가기가 쉬워? 쉽지 않아. 싸다고 아무 곳이나 찾아가는 사람들은 별로 없다는 거지. 물론 찾아가는 소수의 사람도 있기는 하겠지만 말이야. 내가 종교가 있든 없든 간에 왠지 종교 시설 안에 있는 카페는 들어가기가 부담된단 말이야. 그 사실을 간과하고 무작정 비싼 돈 들여 카페를 만드니까 오라는 불신자들은 별로 없고 교인들이 주일에 사용하는 휴게실로밖에 활용되지 않는 거지.

내가 모델로 삼았던 일산교회 북카페 '라임'은 교회 건물 밖에 있었어. 그럼 그 교회는 어떻게 교회 안이 아니라 교회 밖에 카페를 만들 생각을 했느냐구? 담임목사님이 북카페를 만들어야겠다고 생각했는데 살펴보니 교회 본당이나 교육관 안에는 예쁜 카페를 만들 만큼의 적당한 여유 공간이 없었어. 그래서 교회와 아주 가까운 거리에 있는 상가 2층을 전세로 얻었지. 실 평수가 30평이 조금 넘는 약간 오래된 상가였어. 그런데 인테리어를 잘하니까 아주 실용적이고 예쁜 카페로 바뀌더라구. 비그리스도인들이 찾아와도 거부감을 느끼지 않도록 교회 냄새(?)가 많이 안 나게 디자인 하고.

인테리어도 잘 꾸며놨을 뿐만 아니라 어린이들과 성인들이 볼 수 있는 책을 4,000권 정도 비치해놓고 와서 커피를 마시면 무료로 읽을 수도 있고, 집으로 빌려갈 수도 있게 했어. 카페 운영은 어떻게 할까? 커피 만드는 일은 십여 명 이상의 교인들이 요일과 시간별로 자원봉사로 섬기고 있어. 커피원두도 '플라넬' 커피라고 비싸고 질좋은 것을 사용하고. 카페 오픈 초기에는 커피를 만드는 사람에 따라 맛이 천차만별이었는데 시간이 지나니 맛이 균일하게 좋아지더라구. 그래서 지금 '북카페 라임'의 커피 맛은 상당히 좋아. 맛이 궁금한 분들은 가서 맛보셔. 가격도 아주 착(?)하니까 ….

그뿐 아니라 문화 센터를 운영해서 지역 주민들을 카페로 오게 하고 있고, 작은 상담실도 만들어서 도움이 필요한 사람들에게 상담도 해주고 있어. 하는 일이 또 있어. '작은 음악회' 라는 타이틀로 정기적으로 음악회도 열어. 찬송가, 복음성가를 비롯해서 대중가요를 연주하기도

해. 이런 식으로 북카페 '라임'은 큰 공간은 아니지만 아주 알차고 내실있게 운영되고 있어. 이렇게 잘 운영되니까 지역 주민들의 방문이 점점 늘어났어. 물론 일산교회 주변에 사는 불신자들이지. 교회 카페에 관심 있는 사람은 기회가 되면 꼭 한번 방문해봐. 여러가지 면에서 보고 배울 것들이 많거든.

그럼 나는 일산교회의 북카페 '라임'을 어떻게 알았는지 궁금하지? 그 이유는 내가 일산교회 부목사로 사역했었거든. 그리고 내가 있을 때 북카페를 준비해서 오픈했기 때문에 카페가 만들어지는 그 과정을 눈으로 볼 수 있었지. 문화 센터의 시작도 부족하고 어설펐지만 내가 주도했고 ….

이렇게 일산교회의 '북카페 라임'을 통해서 카페를 교회 밖에 만들어 놓으면 외부인들이 큰 거부감 없이 찾아온다는 사실을 깨달은 거지. 그러다가 내가 새로운 형태의 교회로 개척하고 싶다는 마음을 먹었을 때 일산교회의 북카페 '라임'이 떠올랐어. S교회를 사임하면서 주저하지 않고 카페 교회로 개척하게 된 데에는 일산교회 '북카페 라임'이라는 성공적인 모델을 눈으로 보고 경험했기 때문이야.

그렇기 때문에 좋은 모델을 알고 또 보고 경험하는 건 정말 중요해. 내가 이 책을 쓰게 된 이유도 많은 사람들에게 '카페 교회'라는 새로운 개척 모델을 소개해야겠다는 마음 때문이었어. 교회 카페는 많이 들어봤지만 카페를 교회로 개척한다는 얘기는 들어본 적이 거의 없잖아. 그런데 그렇게 개척을 하니 매일 불신자들이 카페 교회로 찾아오고 어느 정도 재정 수입도 생긴다는 말을 알려 준다면 많은 목회자들이 오직 한 가지 형태의 일반 개척밖에 없다는 고정관념에서 벗어날 수 있지 않겠어?

그리고 내가 제시한 '카페 교회'라는 아이디어를 바탕으로 내가 한 것보다 더 멋진 카페 교회를 개척해서 성공시키는 분들이 많이 나올 거라고 나는 믿고 있어. 그렇기 때문에 이 책을 통해서 개척을 준비하는 목회자들이 발상의 전환을 할 수 있도록 새로운 패러다임의 개척 모델을 제시하기로 마음먹은 거지.

정리해볼게

내가 카페 교회로 개척할 수 있었던 데에는 일산교회 '북카페 라임'이라는 좋은 모델을 봤기 때문이었어. 그리고 한 단계 더 뛰어넘어 교회 개척을 카페로 해야겠다는 발상의 전환을 했기 때문에 지금의 '카페 교회'가 탄생할 수 있었던 거지.

일반 교회와 카페 교회의 차이점

이번엔 일반 교회와 카페 교회의 차이점에 대해서 얘기해볼까 해. 일반 교회와 카페 교회는 몇 가지 중요한 차이가 있어.

첫째, 접근성이야.
일반 교회는 비그리스도인들이 스스로 찾아오지 않아. 아니 스스로 오는 건 고사하고 오라고 부탁하고 사정해도 잘 안와. 전도 해봐서 알잖아. 규모가 있는 교회의 사정도 그런데 개척 교회의 사정이야 오죽하겠어? 하지만 놀랍게도 카페 교회는 전도를 안 해도 불신자들이 스스로 찾아와. 자발적으로 말이야. 이게 바로 일반 교회와 카페 교회의 가장 큰 차이점이야.

'전도 하지 않아도 불신자들이 저절로 찾아오는 교회' 정말 꿈 같은 일이지 않아? 이렇게 일반 교회와 카페 교회는 불신자 접근성에 있어서 큰 차이가 나. 그뿐일까? 일반 교회는 주변에 있는 불신자들과 접근해서 관계 맺는 것도 어려워.

　예를 들어볼까? 내가 상가에 일반적인 교회로 개척을 했다고 치자구. 그러면 상가 안에 입주해 있는 가게들을 찾아다니며 인사하고 관계를 맺어 전도하려 할 거 아니야. 그러면 전도지와 전도 물품을 들고 찾아가야겠지? 찾아가서 얼굴을 마주쳤어. 그러면 자기 자신을 어떻게 소개하겠어? 당연히 이렇게 소개하겠지. "안녕하세요? 5층에 이번에 새로 들어온 ○○교회 ○○○목사라고 합니다." 그 말을 듣는 불신자들은 어떤 표정을 지을까?
　내가 말 안 해도 상상이 가지? 마음의 문을 단단히 걸어 잠그고 잔뜩 경계해. 그리고 어떻게 하면 빨리 내보낼까를 속으로 궁리하지. 우리가 이단이나 타종교인이 우리 일터로 찾아오는 게 별로 반갑지 않은 것과 같은 이유야. 결론적으로 내가 교회 목사라는 타이틀을 가지고 주변 불신자들에게 접근해서 좋은 관계 맺기는 상당히 어렵다는 거지. 교회에 대한 불신과 편견의 장벽을 뛰어넘어야 하거든. 물론 불가능하다는 말은 아니야. 어렵다는 거지.

　반면에 내가 카페를 운영하고 있는 입장이면 어떻게 될까? 전도하기 위해서 물품을 챙겨야겠지? 전도용 물티슈도 준비하고 보온병에다 아메리카노도 따뜻하게 담아. 그리고 찾아가는 거야. 상가 안의 가게

문을 열고 들어가면서 누군가 하고 내 얼굴을 쳐다보는 불신자 업주를 향해 뭐라고 내가 말하겠어? "안녕하세요? 이번에 5층에 새로 개척한 참좋은교회 목사입니다." 이렇게 할까? 아니지. 이렇게 얘기하자. "안녕하세요? 이번에 5층에 생긴 북카페 어린왕자에서 왔습니다. 커피 맛좀 보시라구요." 그러면 내 경험상 불신자들이 열에 아홉은 긴장을 풀어. 그리고 웬만하면 커피도 잘 받아 마시더라구. 왜냐하면 카페 사장인 내가 같은 상가에서 영업하는 자기와 같은 처지(?)라고 생각하니까. 실제로 카페를 운영한다는 입장에선 비슷한 부분도 있고 ….

교회 목사가 아니라 카페 사장으로 접근하니까 지역에 있는 불신자들이 걸어 잠궜던 마음의 문을 열고 무장 해제하는 거지. 그러다가 자꾸 얼굴을 보고 인사를 하다보면 친해지잖아. 친해지면 말하는 거야. 실은 내가 카페 사장이면서 목사고, 북카페 어린왕자는 카페면서 교회라고 말이야. 그러면서 자연스럽게 복음을 전하는 거야. 물론 그들이 복음을 듣고 주일 예배에 나오는 신자가 되기까지는 시간이 많이 필요하지만 …. 이때 쯤이면 이미 마음에 무장 해제가 되어 있기 때문에 진지한 대화를 나눌 수 있어. 어때? 이 정도면 괜찮지?

둘째, 재정부분이야.

일반 교회는 교인들이 내는 헌금이나 선교비 지원받는 것 외에는 수입이 없어. 목사는 일을 하지 않으니까. 사모가 직장 생활을 한다면 수입이 있을 수는 있겠지. 그런데 일반 교회라도 개척 교회는 교인들이 별로 없거나 있어도 헌금을 내지 않는 사람들이 많기 때문에 헌금을 통한 재정 확보는 어려워. 따라서 교회 운영과 목회자 생활비 대부분을 선교 후원금에 의존하게 되지. 발이 넓어 여러 교회에서 선교비를 넉넉하게 받으면 문제는 없는데 나처럼 인맥이 별로 없는 목사는 어디 손 벌릴 데도 변변치 않아. 그리고 설령 어렵게 선교비를 후원 받는다고 해도 그것이 끊어지는 2~3년 내로 재정자립할 확률도 적고. 이게 일반적인 개척 교회의 현실인 거지.

하지만 카페 교회는 달라. 개척 교회이기 때문에 선교비 후원도 받지만 카페이기 때문에 거기에 더해지는 수입이 있어. 많은 액수는 아닐지라도 커피 판매를 통해 고정적인 수입이 생겨. 물론 커피 판매를 통한 수입은 카페 교회의 규모, 위치, 서비스에 따라 천차만별일 수 있기 때문에 '어느 정도 기간이 지나면 얼마의 수입이 들어온다'고 말할 수는 없어. 알 수도 없고.

그냥 내 경우를 솔직하게 말해 줄게. 처음에 6~8개월까지는 제대로 된 수입이라 말하긴 조금 어려울 만큼 적었어. 전에 사역했던 교회 교인들이 놀러와서 커피 마시는 것을 제외하고 지역주민들의 방문으로 발생하는 매출은 하루에 적을 땐 5,000원 많아야 2~3만 원 수준이었어. 그러다가 7~8개월 정도가 지나니까 하루 매상이 조금씩 오르더라구. 지금은 하루 매출이 평균 8만 원 정도야. 카페라는 게 계절을 타기

때문에 여름엔 더 많이 팔리고 봄과 가을엔 덜 팔려. 그래도 1,500원짜리 커피를 팔아서 하루 8만 원 정도 번다면 몇 명의 사람이 북카페를 방문하는지 대략 알 수 있겠지? 매일 8만 원씩 20일 영업하면 매출이 160만 원이고, 재료비를 제외하면 90~100만 원 정도 남아. 그럼 이 돈으로 월세와 관리비를 해결할 수 있어. 90~100만 원이라면 개척교회 입장에선 결코 적은 돈이 아니야.

정리해볼게

일반 교회와 카페 교회의 차이점은 불신자들의 접근성이야. 그리고 선교비 후원 이외에 카페 교회는 커피 판매를 통한 수입이 발생한다는 것이고.

내게 정신을 차리게 만드는 것은
진한 커피, 아주 진한 커피이다.
커피는 내게 온기를 주고, 특이한 힘과
기쁨과 쾌락이 동반된 고통을 불러 일으킨다.

— 나폴레옹(프랑스 황제) —

왜 카페 교회인가?

불신자들과 자연스러운 교제가 가능하기 때문이야

내가 위에서 언급한 일반 교회와 카페 교회의 차이점과 약간 중복되는 부분이지만 그것을 조금 더 풀어서 설명하려고 해. 대한민국 땅에 교회가 많이 있음에도 불구하고 또 교회가 개척되어야 할 이유가 뭘까? 바로 영혼구원 때문이야. 우리나라에 크리스천들의 수가 많다고 하지만 많이 잡아 20%야. 어떤 사람들은 20%도 허수라고 보더라구. 실제로 꾸준히 매 주일 교회 출석하는 사람들은 10~15%라는 거야.

어쨌든 간에 우리나라에는 하나님을 믿는 사람보다 안 믿는 사람이 훨씬 많아. 열에 여덟은 비그리스도인들이니까. 그런데 이건 대한민국 전체를 대상으로 파악한 것이고. 지역별로 보면 그 비율은 많이 달라지지. 경상도 지역은 믿는 사람들이 아주 더 적어. 부산 같은 경우는 크리스천의 수를 8~10% 정도라고 봐. 그것도 많이 생각한 거야. 열에 아홉은 불신자들인 거지. 전도해야 할 영혼들이 상당히 많아.

이런 까닭에 교회는 계속해서 개척되어야 하고 개척된 교회는 기신자의 수평이동을 목표로 하는 게 아니라 영혼 구원 사역에 가장 앞장서야 해. 그러기 위해서는 불신자들을 많이 만날 수 있어야 하는데 접촉이 쉽지 않아. 안 믿는 사람들이 교회 문턱을 넘기가 어려워. 오게 하기도 어렵고. 이런 상황속에서 교회는 하나님을 모르는 사람들에게 문화적으로 접근해야 할 필요가 있어. 교회의 본질인 복음전파에 주력하되 겉모양은 불신자들이 부담갖지 않고 접근할 수 있도록 해야 한다는 거야.

혹시 잘 이해가 안 돼? 그러면 내가 질문을 할게. 어떤 선교사가 기독교 인구가 적은 데다가 중동처럼 기독교에 대해 반감을 가지고 있는 나라에 가서 선교한다고 쳐. 어떻게 접근해야 할까? 그 나라에 가자마자 'ㅇㅇ교회' 하고 간판 크게 걸고 옥상에는 십자가 종탑을 크게 세운 그런 식으로 교회를 개척하면 사람들이 많이 오겠지? 안 온다고? 그래 당연히 안와. 교회라는 간판이 기독교에 대한 거부감을 가지고 있는 사람들의 진입을 방해하는 장벽이 되거든.

이럴 때는 지혜롭게 행동해야 하는데 그게 바로 문화적인 접근이라는 거야. 기독교가 우리나라에 처음 들어올 때를 생각해봐. 병원이나

학교를 세우는 등의 문화적인 접근을 먼저 했지 교회를 먼저 세우는 종교적인 접근을 먼저 하지 않았잖아. 사람들이 필요로 하고 거부감이 없는 '문화'라는 코드를 통해 접근한 다음 교제를 통해 친밀감을 갖게 하고, 그들의 마음문이 열렸을 때 복음을 전했거든. 시간이 걸리더라도 그게 효과적인 방법이었어.

오늘날도 마찬가지야. 비록 지금의 대한민국이 조선시대 흥선대원군 때처럼 쇄국정책을 고집하고 복음을 전하면 잡아 가두거나 죽이는 환경은 아니야. 하지만 이 땅에 사는 불신자들의 교회에 대한 반감은 점점 거세지고 있어. 교회가 세상을 걱정해야 하는데 세상이 교회를 걱정하는 시대가 되기도 했고. 그렇기 때문에 오늘날일수록 더더욱 문화적인 접근이 필요하다고 나는 생각해. 몇 년 전부터 카페가 우후죽순처럼 늘어나고 있어. 요즘은 자고 일어나면 카페가 하나씩 생기는 것 같아. 어쨌든 지금 이 시대를 살아가는 사람들에게 있어서 카페에 가서 차를 마시며 대화를 나누는 게 특별한 일이 아니라 일상적인 일이 되어버렸어.

우리는 이 부분을 주목해야 해. '커피'가 교회와 세상의 훌륭한 접촉점이 될 수 있다는 사실 말이야. '커피' 또는 '카페'라고 하는 문화적 코드를 통해 자연스럽게 사람들을 교회로 오게 하는 데에는 카페 교회가 상당히 유리해. 내가 카페 교회로 개척을 해서 목회를 해보니 그래.

우리 카페 교회에는 하루에 20~30명씩 꾸준히 찾아와. 생각해봐! 하루에 20~30명씩의 사람들, 그것도 대부분 불신자들이 찾아오는 그런 교회가 어딨어? 그런데 카페 교회는 그런 일들을 경험할 수 있어. 자리만 좋다면 하루에 20~30명 뿐이겠어? 50~100명도 만날 수 있지. 그래서 이 시대에 '커피'라는 문화적 코드를 통해 '카페 교회'라는 새로운 형태의 교회가 필요하다는 거야.

이런 카페 교회는 우리나라 같은 환경에서만 필요한 것일까? 그렇지 않아. 선교지에서도 활용할 수 있는 좋은 패러다임이야. 복음에 적대적인 중동 지역이나 베트남, 미얀마 같은 사회주의 국가에서도 상당히 매리트가 있는 방법이래. 실제로 중동 지역에서 선교사로 사역하는 친구가 그런 말을 하더라구. 중동 지역에서도 젊은이들에게 카페가 아주 인기래. 그래서 가격이 비싼 편인데도 많은 젊은이들이 카페를 찾는다는 거야. 날마다 문전성시를 이룬대. 그래서 친구 선교사가 선교지에 교회를 개척할 생각인데 전통적인 형태의 교회로 할 것인지, 아니면 카페 교회 형태로 할 것인지 기도하고 있을 정도라는 거야. 세상의 변화와 흐름을 읽고 접촉점을 찾아내는 것이 바로 교회가 해야 할 일이 아닐까?

재정 자립이 가능하기 때문이야

교회를 개척해보니까 사람과 돈이 중요한데 그 둘 중 더 중요한 게

뭐냐고 물어보면 나는 주저하지 않고 '돈'이라고 말하겠어. 사람보다 돈이 더 중요하다니 좀 이해가 안 되지? 아니면 내가 너무 돈을 밝히는 목사처럼 느껴져서 씁쓸한 사람도 있을 거야. 자! 오해를 풀고 내 말을 잘 들어봐. A라는 목사가 교회를 개척했어. 3년 정도 시간이 흘렀는데 교인들의 숫자는 십여 명이야. 뭐 이십여 명이라 해도 크게 달라지진 않아.

그런데 그 중에 헌금을 제대로 하는 사람이 몇 명 되지 않는다면 어떻게 될까? 즉 지출보다 수입이 적으면 말이야? 말하나마나 운영이 안 되겠지? 실제로 개척 교회에는 십일조를 할 만큼의 믿음을 가진 교인들은 별로 없어. 소외되고 가난한 사람들이 많이 찾아와. 그러니 그런 사람들에게 십일조를 기대한다는 건 마치 다섯 살짜리 어린아이한테 쌀 20킬로짜리를 옮겨 달라고 하는 것과 마찬가지라고 생각해.

그런데 말이야. 그와 반대 상황을 생각해볼까? 교인은 한두 명밖에 없어. 그런데 어떤 경로를 통해서든 지출보다 수입이 많다면? 당연히 교인이 적어도, 아니 심지어는 없어도 교회는 운영이 되지. 시간이 지나도 교회 간판을 달고 계속해서 목회를 할 수 있다는 말이야.

그렇기 때문에 개척 교회가 문을 닫지 않으려면 안정적인 재정 확보 문제가 상당히 중요해. 그런데 나를 비롯한 대부분의 목사들은 돈 잘 버는 부자인 것도 아니고. 그리고 결혼 전에 돈 잘 벌던 사모라 하더라도 웬만하면 결혼 이후에는 목회 내조도 해야 하고 양육도 해야 하기 때문에 웬만하면 직장을 포기할 수밖에 없잖아? 그렇다면 개척 교회의 수입은 개인이나 교회의 선교비 후원밖에 없어. 문제는 이런 선교비 후원이 5년, 10년 계속 이어지지 않는다는 거야.

전에 얘기했던 것처럼 도시교회는 짧으면 1년, 길어야 3년 안에 선교 후원은 끊어진다고 보면 맞아. 물론 예외의 경우도 있겠지만. 또 3년은커녕 개척할 때에 충분한 선교비 후원을 받지 못하는 경우도 있어. 나같은 경우가 그래. 인맥이 별로 없기 때문에 도와달라고 손 벌릴 교회가 몇 군데 없었으니까. 네 개 교회 밖에 없었어. 그것도 개척 이후에 두 군데가 생긴 거니까, 처음엔 두 개 교회의 후원만 받은 상태에서 출발한 거야.

이런 상황 속에서 개척교회가 선교비 후원이 아닌 자비량으로 재정의 일정부분을 채울 수 있다면 어떨까? 전부 다는 바라지도 않아. 일정부분만 충당해도 큰 도움이 된다는 거지. 예를 들어 볼까? 내가 개척한 교회는 북카페 교회야. 한 달에 50만 원의 수입이 발생한다고 치면 5만 원의 선교비를 후원하는 10교회를 확보한 것과 같아. 100만 원의 수입이 발생한다면? 5만 원의 선교비를 후원하는 20교회를 확보한 것과 같은 셈이지. 어때? 개척 교회에 있어서 이렇게 선교 헌금 이

외에 수입이 발생한다는 건 상당히 도움이 되겠지?

그러면 우리 북카페 어린왕자는 한 달에 순수익이 어느 정도 발생하는지 궁금할 수도 있겠네. 뭐 가르쳐주지. 매 달 일정치는 않아서 '정확하게 얼마다'라고 콕 집어 말하긴 뭐하지만 카페 오픈 1년이 지난 지금 평균적으로 재료값을 제외하고 80~100만 원 정도 수입이 발생해. 액수가 좀 작다고 생각되나? 땅을 파봐. 만 원이라도 나오나. 자! 북카페 운영에 대해서는 나중에 더 자세히 다룰 기회가 있을 거야.

어쨌든 어떻게 하면 일정부분이라도 수입을 얻을 수 있는 구조가 없을까 고민하던 끝에 북카페 교회를 생각하게 된 거지. 부산에 내려오기 전 사역하던 교회에서 북카페를 오픈했었는데 지역주민들에게 반응도 좋았던 게 인상 깊게 남았었거든. 그리고 한 가지 알아야 할 사실은 각자 달란트대로 사역해야 한다는 거야. 나야 커피와 책을 좋아하기 때문에 북카페 교회지만 모든 사람이 다 커피와 책을 좋아하는 건 아니잖아? 그렇다면 반드시 북카페로 교회를 개척할 필요는 없어. 자기의 달란트가 무엇인지 정확하게 알고, 그것에 맞춰 다양한 형태로 교회를 개척하는 것이 가장 바람직해.

예를 들어 떡볶이를 아주 맛있게 만들 줄 알면 분식집 교회를 개척하면 돼. 지역 주민들에게 맛있는 떡볶이를 저렴한 가격에 만들어 주면서 교제하고 전도하는 거야. 어때? 괜찮지? 또 영어든 수학이든 이런 방면에 달란트가 있으면 학원교회로 개척하면 되고. 아이들을 가르치면서 복음도 함께 전하는 거지. 가난한 집 아이들에겐 수강료를 좀 더 저렴하게 받을 수도 있고. 또 미용에 관심이 있으면 미용실 교회를 개척하는 거지. 그러면 되는 거야. 이렇게 자기의 달란트가 무엇인지 빨리 파악해서 강점을 살린 개성있는 교회가 개척된다면 얼마나 멋질까?

나는 특별히 이 책을 신학생들이 많이 봤으면 좋겠어. 왜냐하면 신학생 때에 이렇게 새로운 패러다임의 교회를 알게 되면 앞으로 자기 장점을 살린 교회 개척을 미리 준비할 수 있기 때문이야. 한 걸음 앞서서 준비한다는 건 대단히 중요한 일이야. 전문적인 자격이나 고급 기술을 배우려면 많은 시간과 노력이 필요하잖아. 그런데 나이가 들어서 그런 전문 자격이나 고급 기술을 배우기는 상당히 힘들거나 어쩌면 불가능한 일일 수도 있어.

하지만 20대 신학생 시절부터 비전을 가지고 차근차근 준비한다면 목회뿐만 아니라 사회적으로도 충분한 전문성과 경쟁력을 겸비한 존재가 될 수 있어. 생각만 해도 가슴 뿌듯한 일이잖아.

정리해볼게

왜 카페 교회일까? 첫째, 불신자들과 자연스러운 교제가 가능하고 둘째, 재정자립이 가능해. 한 가지 더 기억해야 할 것은 모든 사람이 카페 교회로 개척하는 것이 정답이 아니라 자기 자신의 달란트에 맞는 다양한 형태의 교회로 개척하는 것이 정답이라는 거야. 그리고 가능하면 미리 준비하는 것이 좋고.

니들이 아메리카노를 알어?

'커피' 하면 떠오르는 나라 중 하나가 바로 '이탈리아' 야. 어떻게 해서 에스프레소에 뜨거운 물을 탄 커피가 '아메리카노'로 불리게 됐는지 알아볼까 해. 커피는 1615년 베네치아 상인들에 의해 처음으로 유럽에 소개됐는데 그때 당시는 '커피' 가 아니라 '가베(qhaweb)' 라고 불렸어. '아라비아 와인' 이란 뜻이지. 시간이 흘러 교황 클레멘트 8세 이후로 로마에 처음으로 커피 하우스가 생겼고 그후로 지금까지 이탈리아 사람들에게 커피는 사랑받는 국민적 음료가 됐어.

이탈리아 사람들은 에스프레소를 즐겨 마셔. 에스프레소 들어봤지? 에스프레소는 아주 진한 이탈리아식 커피야. 에스프레소 머신으로 추출되는 원액을 '에스프레소' 라고 불러. 머신에서 공기를 압축, 짧은 순간에 커피를 추출하기 때문에 카페인의 양이 적고, 커피의 순수한

맛을 느낄 수 있기 때문에 이탈리아 뿐만 아니라 커피 애호가들도 에스프레소를 좋아해.

에스프레소(Espresso)의 영어식 표기인 '익스프레스'(express)는 '빠르다' 라는 의미로 사용되잖아. 문제는 커피를 꾸준히 마신 사람들에게 에스프레소의 쓰고 강한 맛이 면역이 되어 맛있는 음료가 되지만 에스프레소에 익숙하지 않은 사람들에겐 독한 한약(?) 수준으로 쓴 커피에 불과하지. 나도 카페를 오픈하기 전에 어떤 카페에 가서 에스프레소 맛이 어떤가 당당하게 시켜 마셔보기도 했어. 물론 딱 한 모금 맛본 다음에 그대로 놓고 온 쓰라린(?) 기억이 있지만 말이야. 어쨌든 에스프레소는 머신을 통해 추출한 원액인데 카페라떼, 카페모카처럼 다른 종류의 커피를 만들어내는데 꼭 있어야 할 기본 재료가 되는 거지.

기원을 얘기하다가 에스프레소에 대한 설명을 너무 길게 했나?
자! 아메리카노의 기원은 이래. 이탈리아에 간 미국 사람들이 커피를 주문했어. 당연히 에스프레소가 나왔겠지. 이게 뭔가 하고 먹었는데 그냥 마시기엔 너무 쓰고 진한 거야. 써서 도저히 못 마시겠는데 어쩌겠어. 버릴 수도 없어. 할 수 없이 뜨거운 물을 부어 달라고 요청했지. 뜨거운 물을 많이 부으면 쓴 맛이 덜해지잖아. 어쨌든 이탈리아에 온 미국 사람들은 커피를 주문할 때마다 뜨거운 물을 부어달라고 요구했기 때문에 그 다음부터는 미국 사람이 커피를 달라고 하면 알아서 뜨거운 물을 부어줬고 그 결과 '미국인들이 마시는 커피'라는 뜻으로 에스프레소에 뜨거운 물을 부은 커피를 '아메리카노'라고 부르기 시작했지.

아메리카노에 뜨거운 물을 얼마나 부어야 하는지 기준은 없어. 자기 입맛이 기준이란 얘기지. 진한 걸 좋아하면 뜨거운 물을 조금 붓고, 연한 걸 좋아하면 뜨거운 물을 많이 붓거나 에스프레소를 조금 넣으면 돼. 처음 마시기 시작한 사람은 그냥 마시기엔 쓰기 때문에 설탕을 적당히 넣어 마시는 게 좋아. 어떤 사람들은 아메리카노에 설탕을 넣으면 '촌스럽다'고 구박(?)하기도 하는데 그건 옳은 태도가 아니야. 왜냐하면 커피는 기호식품이거든. 내가 원하는 스타일대로, 내 입맛대로 먹는게 기호식품이니까 자기 취향대로 마시는 게 정답이야. 따라서 아메리카노에 설탕을 넣으면 '촌스럽고' 안 넣으면 '고상하고'한 건 아니라는 거지. 앞으로 아메리카노를 쓰게 마시기 싫은 사람이 있다면 다른 사람들 눈치 보느라 가만히 있지 말고 당당하게 '설탕'을 달라고 요구하는 게 현명하지 않을까?

커피의 기원(칼디의 기원)

커피의 기원에 대한 여러 설이 있지만 기원전 6,7 세기경의 칼디의 기원에 힘이 많이 실린다. 이디오피아의 칼디라는 목동이 있었다. 어느날 그가 돌보던 염소들이 갑자기 흥분하여 뛰어 다녔다. 칼디는 이것을 이상하게 생각하고 수도원장에게 알렸으며 수도원장과 함께 염소들을 관찰한 결과 염소들이 빨간 열매를 먹게 되면 그러한 행동을 하는 것을 발견하게 된다. 거기서 발견된 것이 바로 커피나무이다.

승려들이 이 열매를 먹어보고 기분이 좋아지는 것을 느꼈으나 그 열매가 악마의 유혹이라 생각하고 불에 태워버린다. 그런데 열매는 불에 타면서 냄새를 내는데 그 냄새가 아주 향기로워 승려들이 그 열매로 음료를 만들어 마시기 시작했고, 밤 늦게까지 기도하는 승려들은 이 음료를 마시고 졸음을 쫓기도 했다는 설이다.

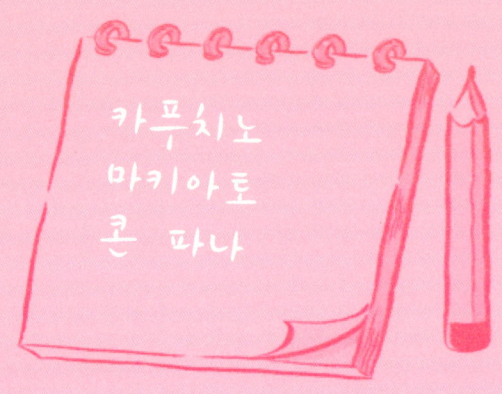

카푸치노(cappucino) 카페라테보다 우유가 덜 들어가 커피 맛이 더 진하다. 아랍인들이 흰 터번 또는 모자(cap)를 쓴 모습과 비슷한 데서 유래했다는 설이 유력하다.

마키아토(macchiato) 에스프레소에 우유거품을 얹어 '점을 찍는다'(marking)는 의미. 카푸치노보다 강하고 에스프레소보다 부드럽다.

콘 파나(con panna) 에스프레소에 휘핑크림을 얹었다. 마키아토와 비슷하지만 더 달다. 뜨거운 에스프레소 위에 휘핑크림을 얹기가 쉽지 않아 커피를 만드는 종업원(바리스타)들이 껄끄러워하는 주문 중 하나이다.

Part 2

새로운 패러다임의 교회가 탄생되다

Cafe Church story

교회 장소를 결정하다

오늘은 교회 장소를 어떻게 결정하게 됐는지 얘기해 줄게.

기도하는 가운데 교회 자리를 알아보기 시작했어. 일단 교회 위치를 선정하는데 몇 가지 기준이 있었어.

첫째, 아파트를 끼고 있는 상가였으면 좋겠다고 생각했지. 아파트 근처의 상가가 아니라 가급적이면 아파트를 끼고 있는 상가 말이야. 왜 그랬냐구? 일단 카페 교회로 개척하면 주부들이 아이들을 데리고 쉽게 올 수 있어야 하는데 그러려면 카페와 사는 집이 가까워야 하거든. 대중교통을 이용하면서까지 카페로 올 사람은 별로 없어. 내가 모델로 삼았던 북카페 '라임'도 아파트 상가 안에 있는 건 아니었지만 아파트 바로 옆에 상가였어. 그러니까 아파트 주민들이 많이 오더라구.

둘째, 층수는 상관없는데 엘리베이터와 주차장이 넉넉한 장소였으

72 불신자들이 스스로 찾아오는 카페교회 이야기

면 하는 바람이 있었어. 북카페 특성상 주부와 어린아이들이 많이 올 텐데 엘리베이터 없는 곳은 접근성이 너무 떨어져. 유모차를 끌고 혹은 아이손을 잡고 2층 이상 계단으로 걸어서는 잘 안 오게 되거든. 그런 까닭에 엘리베이터가 있는 곳이면 좋겠다는 생각을 한 거지. 주차장은 당연한 거고.

셋째, 적당한 크기였어. 일산에 있던 북카페는 실 평수가 30평 정도였어. 그것과 비슷한 규모면 좋겠다 싶었지. 돈은 한 푼도 없었는데 꿈이 컸지? 어떤 사람들은 작다고 생각할지도 모르지만 돈 한 푼 없이 개척을 하려고 했던 나에게 있어서 30평은 결코 작은 공간이 아니였어. 어쨌든 이런 소원을 품고 내가 세운 기준에 맞는 교회 자리를 찾아 여기저기를 돌아다니기 시작했는데 적당한 장소가 발견되지 않는 거야. 해운대 신도시 같은 경우는 전세나 보증금이 너무 비싸 엄두도 나지 않았고 개금, 주례쪽으로 돌아봤는데 거기도 해운대 신도시만큼 비싸지는 않았지만 가격이 만만치 않았어.

예를 들면 아파트 상가도 아니면서 인근지역에 있다는 이유로 20평도 안되는데 보증금 7천만 원에 월세 200만 원인 곳도 있었고, 아파트 상가인데 보증금 1억에 월세 100만 원인 곳도 있었어. 반면에 어떤 상가는 보증금이나 월세는 저렴한데 빈 공간이 없는 경우도 있었고 또 어떤 상가는 엘리베이터가 없거나 주차장이 없었어. 아니면 평수가 너무 크거나 작았고….

　그러다가 아내가 양정으로 가보자는 거야. 아내가 피아노 레슨하는 지역이었고 거기 현대아파트 단지가 크게 있는데 그 근처에 적당한 곳이 있는지 알아보자고 하더라고. 몇 군데 부동산을 다니다가 적당한 장소를 못 찾았어. 그런 상황이 되니 아무래도 부산은 돈 없는 나에겐 적절하지 않은 장소인가 싶은 생각이 들더라구. 그래서 장유나 양산쪽으로 찾아보려고 차를 몰아 시외로 나가려고 하는데 전화가 왔어. 마지막으로 갔었던 현대프라자 상가 안에 있는 부동산인데 아주 저렴한 가격에 빈 자리가 하나 있다는 거야. 한번 둘러 보구 가라는 거지. 뭐 둘러보는데 돈 드는 것은 아니잖아.

　다시 차를 돌려 현대아파트 상가를 향해 갔어. 안내를 받아 가는데 5층으로 올라가더라구. 1, 2층도 아닌 5층 말이야. 가서 장소를 보여주는데 정사각형도 아니고 길쭉한 직사각형이야. 그것도 완전 직사각형도 아니고 끝부분은 마름모처럼 줄어드는 형식이었어. 천정도 바닥도 지저분하고 생각했던 것보다 크기도 작았어. 실평수가 24평 정도였으니까. 이런 것들로 봐서는 그리 좋은 자리가 아니다 싶기는 했는데 주변을 둘러보니까 장점도 있었어.
　어떤 장점이었을까?

첫째, 보증금이 쌌어. 얼마일까? 일천 만원이었어. 월세는 40만 원이었고 관리비가 50만 원이래. 다른 곳을 둘러보면서 보증금이 5천, 7천, 1억 이런 소리 들으면서 기가 팍 죽었었는데 여긴 천만 원이라니 속에서 '할렐루야!' 가 저절로 나오더라구. 물론 월세 40만 원, 보증금 50만 원이 적은 액수는 아니었지만 그래도 그건 나중 문제였으니까 ….

둘째, 내가 기도하던 조건들과 많이 일치했어. 내가 바라던 것들이 뭐였다고? 우선 아파트 상가 다음으로 엘리베이터와 주차장이 넓은 공간이었잖아. 그런데 여기는 엘리베이터가 바로 앞에 있었고, 지하 3, 4, 5층이 주차장이라 주차 공간도 넉넉한 편이었어. 또 3천 세대가 입주한 아파트 상가였으니 이 정도면 기도 응답이라고 생각해도 무방하지?

셋째, 교회가 들어설 자리 바로 맞은 편에 '블록피아' 가 있었어. 블록피아는 유아부터 초등학생들까지 교구를 가지고 만들며 학습하는 그런 곳이야. 이 부분도 마음에 들었어. 왜냐하면 우리 카페 교회의 타겟은 30~40대 주부였거든. 5층이기 때문에 접근성이 떨어져 불리한 대신 맞은 편에 주부들과 어린아이들을 오게 하는 블록피아가 있기 때문에 불리하지는 않다는 생각이 들었어. 아이들을 데리고 오는 엄마들은 블록피아 안에 있는 작은 공간에 모여 1시간 동안 기다리게 돼. 그런데 그 공간이 좁아. 책이 있는 것도 아니고…. 함께 모여 수다떠는 것을 좋아하는 사람들도 있겠지만 그런 자리를 불편해 하는 사람들도 있을 것이고. 그런 사람은 1시간이라는 여유 시간에 북카페로 올 거라는 확신이 들었어. 실제로 생각만큼은 아니지만 적지 않은 수의 고객들이 블록피아를 통해서 왔고 또 오고 있어. 내가 예상한 대로 된 거지.

자리는 내가 원하는 것과 거의 일치했기 때문에 확신할 수 있었는데 문제는 돈이었어. 보증금이 천만 원, 인테리어를 에스프레소 머신 같은 각종 설비를 들여놓아야 하는데 적어도 이천만 원은 있어야겠다는 계산이 나오데. 그렇게 보증금과 인테리어 비용을 합하면 최소 3천 만 원은 있어야 북카페 교회를 개척할 수 있게 되는 거지.

그런데 말이야 내 수중에는 돈이 한 푼도 없었어. 비록 돈은 없었지만 여러 가지 정황상 '이곳이 하나님이 주신 교회 자리다' 라는 확신이 들더라구. 일단 30만 원을 은행에서 찾아 부동산에 주고 가계약을 했어. 그때가 4월 초였으니 말일이 되기 전까지 970만 원을 마련해야만 하는 미션이 주어지던걸. 일단 저지르면 하나님이 원하시는 일이기 때문에 반드시 채워주신다는 믿음도 생기더구만.

자! 어찌되었을까? 한달 안에 1,000만 원 가까운 돈을 마련했을까? 마련하지 못했을까? 만약 돈이 마련됐다면 어떤 방법으로 마련했을까? 궁금하지? 기대하셔. 이제 기적 같은 이야기를 들려줄테니까.

개척자금이 마련되다

　수중에 100만 원도 없이 개척하겠다고 마음먹은 내가 어떻게 교회를 개척할 돈을 마련하게 됐는지 얘기해 줄게. 내가 개척을 하면서 깨달은 분명한 사실은 하나님이 원하시는 개척이라면 수중에 돈 한 푼 없어도 반드시 개척은 이루어진다는 거야. 어떻게? 하나님만이 하실 수 있는 기적을 통해서 말이지. 나는 아무도 의지할 곳이 없었기에 하나님만을 의지했고 하나님은 기적을 보여주셨어.

　이제부터는 나의 생생한 간증이야. 나처럼 돈 없이 개척해야 할 상황에 놓인 많은 목회자들이 이 부분을 읽고 도전도 받고 소망을 가지게 되면 좋겠어. 공중 나는 새도, 들에 핀 백합도 먹이고 입히시는 하나님께서 자녀의 기도에 반드시 응답하심을 믿는다면 우리는 염려하거나 걱정할 필요가 없어. 오직 하나님 아버지께서 어떻게 일하실까 기대만 하면 돼.

교회 장소는 양정에 있는 현대프라자 상가 5층에 실평수 25평 정도 되는 곳으로 결정했다고 위에서 얘기했지. 일단 가지고 있던 돈 30만 원을 가계약금으로 지급하고 마이너스통장에서 70만 원 찾아서 다음 날 계약금을 지불하려고 했어. 그런데 이 사실을 알게 된 P집사에게서 연락이 왔어. 계약금 100만 원은 본인이 내겠다는 거야. 뜻밖이었어. 고맙더라고. 100만 원이 적은 액수는 아니잖아. 그렇게 계약금을 지불하고 난 뒤 4월 말까지 잔금 900만 원을 지급하겠다는 계약서를 작성했어. 잔금에다가 인테리어 비용까지 합하면 이젠 2천 9백만 원이 필요한데 난감하더라구.

아무런 대책도 없었지만 신기하게도 하나님께서 반드시 해결해 주실 거라는 믿음이 내 안에는 있었어. 그런데 말이야. 하나님께서는 내가 기대했던 사람들을 통해서는 돈을 주시지 않으시더라구. 내가 기대했던 사람들은 누구였겠어? 전에 사역하던 교회 돈 많은 장로, 권사들이었지. 그렇지만 전에 사역했던 교회라든가. 내가 그분들을 찾아가거나 전화해서 '도와주십시오'라고 말한 적은 한 번도 없어. 내가 그렇게까지 뻔뻔하지는 못하거든. 단지 개척한다는 소문을 들으면 그 가운데서 누구라도 도와주지 않겠나 기대했는데 전혀 반응이 없었다는 말이지.

마음이 약간 조급해지던데? 그래서 이번엔 전에 사역했던 교회들을 찾아가서 대놓고 얘기는 못하고 개척하려고 하는데 돈이 없다는 말을

슬쩍 비쳤지만 그것도 별로 효과가 없던걸. 이렇게 기대했던 사람들이나 교회들이 반응을 보이지 않으니 초조해지기 시작했어. 불안해지기도 하구 말이야. 잔금 900만 원을 지급해야 할 날짜는 점점 다가오지, 돈이 들어올 통로는 보이지 않지, 이대로 시간이 지나면 계약금도 날리고 부산에서 개척도 못할 수 있겠다는 생각이 들었어. 하지만 그런 내색을 할 수 없잖아. 아내에게 걱정하지 말라고 큰소리쳤어. 하지만 내 속은 바싹바싹 타들어가고 있었지. 이런 심정은 경험해본 사람들말고는 모를 거야.

 어쨌든 당장 어떻게 돈을 마련할 방법은 없었지만 그렇다고 넋 놓고 있을 수는 없었고 일단 인테리어를 어떻게 할 것인지 구상을 해놓을 필요가 있다는 생각이 들었어. 아내와 함께 다른 카페들을 돌아다니면서 앞으로 우리 카페 교회는 어떻게 인테리어를 할 것인지 구상했어. 최선을 다해서 준비하고 있으면 하나님께서 길을 열어 주실테니까. 지금 생각해보면 정말 무모하기 짝이 없는 행동이었지. 연고도, 돈도, 사람도 없는 지역에서 개척을 하겠다고 빨빨거리고 돌아다녔으니 말야. 얼마나 무모해? 인간적인 생각으로는 정말 무식하게 여겨질 만큼 무대뽀 같은 행동이잖아. 그런데 하나님께서 그런 내 마음을 아시고 드디어 일하시기 시작했어.
 며칠이 지나서 아내와 함께 어느 교회 카페에 갔어. 위치는 좋더라구. 인테리어도 무난하고. 커피는 메뉴별로 돈을 받는 대신에 기부금

상자(?)라고 해야 하나? 1,000원 이상 자유롭게 내라고 쓰여 있더군. 그런데 그 상자와 글귀를 보는 순간 내 스타일은 아니다 싶었어. 왜냐하면 내고 싶은 만큼 내라니까 고맙다는 생각보단 '질이 별로 안 좋은가?' 하는 의심이 들었거든. 나이 드신 어르신들이나 공짜 좋아하는 사람들은 좋아할지 몰라도 평범한 사람들을 대상으로는 적절하지 않다는 느낌이었어. 사람들은 적당한 가격을 지불하고 물건을 받을 때 신뢰하기 마련이야. 한 마디로 너무 싸면 믿음이 안 가는 거지. 세미나 같은 것도 봐. 무료 세미나를 하면 사람들이 많이 모일 것 같지? 절대 그렇지 않아. 들을 만한 내용이 없거나 시시하니까 무료로 하는 것이 아닌가 생각하기 때문이야. 오히려 비싼 돈을 내는 세미나에는 사람들이 몰려. '세미나 가격이 비싸니까 뭔가 들을 거리가 있지 않을까?' 하는 기대감이 생기는 거지.

아니나 다를까! 권사님인지 집사님인지는 모르겠지만 나이 지긋한 여자분이 커피를 만들어 주시더구만. 그런데 말이야. 솔직히 말해서 정말 맛이 없었어. 카푸치노와 카페라떼 두 잔을 시켰는데 맛의 차이가 없었으니까. 에스프레소의 양이 적어서 싱겁기도 했고…. 1년이 지난 얼마 전에 가서 아이스 카라멜 마끼아또를 마셔봤는데 역시 맛이 없더군. 그래도 1,000원이니까 위안이 되데. 교회 카페는 가격을 무조건 싸게 할 생각하지 말고 어느 정도 가격을 책정하더라도 커피를 맛있게 만들려고 노력해야 해.

어쨌든 차를 마시면서 일행과 이런 저런 대화를 나누고 있었어. 그런데 전화가 온 거야. 아는 권사님이었어. 그 권사님과는 특별히 가까운 사이는 아니었어. 교인들이 많았기 때문에 친해질 수 있는 사람들은 아주 소수였거든. 교회 규모가 제법 됐기 때문에 대부분의 교인들하고는 그냥 인사하는 관계였지. 그 권사님이 나에게 전화한 것에 대해 약간 의아했지만 어쨌든 통화할 수 있도록 적당한 장소를 찾아 밖으로 나왔어. 권사님이 전화로 이렇게 얘기 하시더라구.

"목사님! 다름이 아니라 제가 목사님께 헌금해야겠다는 마음을 하나님이 주셔서 전화드렸어요."

나야 감사했지. 친한 사이는 아니었지만 헌금해 주신다는데… . 하지만 대수롭지 않게 생각하고는 인사치례로 감사하다는 말을 했어. 마음속으로는 '별로 친하게 지내지도 않았던 나에게 헌금한다고 해봐야 얼마나 하겠어? 재산이 많은 것도 아닌데' 라고 생각했거든. 그러고 있는데 이렇게 말씀 하시더라구. 그 말씀에 난 깜짝 놀라고 말았어. 바로 이 말이야.

"목사님! 제가 헌금할 액수는 3천 20만 원이에요."

헉!!! 그 순간 심장이 멎고 머리가 하얗게 될 정도로 충격을 받았어. 정말 아무 생각이 안 나더라구. 카페 교회로 개척하는데 얼마가 필요했다고? 머리가 좋으면 기억하겠지. 뭐? 남의 일이라 별로 관심 없었다구? 이런…. 이렇게 중요한 건 기억을 하고 있어야지. 하긴, 당사자인 나한테나 중요하지 다른 사람들에게 뭐가 중요하겠어? 그 마음은 내가 이해할게. 카페 교회로 개척하기 위해서는 최소 3,000만 원이 필요했어.

당장 필요한 잔금 1,000만 원과 인테리어 및 시설비 2,000만 원을 어떻게 마련할 것인가로 고민하고 있었잖아. 그리고 그 비용을 달라고 계속해서 부르짖어 기도하고 있었고. 3백 2십만 원도 아니고 무려 3천 20만 원을 헌금하겠다는 권사님의 말을 듣는 순간 난 너무 놀라 순간 말문이 꽉 막혔어. 놀라움과 기쁨같은 감정들이 복잡하게 엉키데. 동시에 3,000만 원 달라는 나의 기도에 응답하신 하나님의 그 세밀한 사랑에 감사해서 전화기를 붙잡고 그 자리에서 어린아이처럼 울어버렸어. 그것도 '엉엉' 하고 말이야. 그냥 '눈물을 흘렸다' 가 아니라 '눈물이 터져나왔다' 라는 표현이 더 적절하지 않을까? 뜨거운 눈물이 내 볼을 타고 떨어지는데 절제가 안 되는 거야. 하여튼 그렇게 펑펑 울기는 참 오랜만이었지. 난 그 자리에 서서 바보같이 한참을 울면서 "감사합니다. 감사합니다." 라고 수십 번을 중얼거렸어. 더 이상 다른 무슨 말을 할 수 있었겠어?

내가 왜 울었겠어? 원하던 돈이 생겼다는 한 가지 이유 때문에? 에이, 그것만 가지고 그렇게 울었겠어? 복합적인 이유 때문이었지. 기도에 정확하게 응답하신 하나님의 은혜에 감격해서 울었고, 평소에 친분

도 없고 부자도 아니었는데 3천 20만 원이라는 거액을 헌금한 그 권사님께 감사해서 울었고, 교회 개척자금이 채워질 거라는 믿음은 있지만 한편으론 염려와 걱정으로 마음 고생했었던 스스로를 생각하며 그 서러움이 눈물로 터져 나왔던 거지. 이런 일 안 겪어본 사람은 내 심정 모를 거야. 정말 모를 거야. 난 지금도 그 순간을 생각하고 간증할 때마다 눈시울이 뜨거워져. 그리고 가슴이 벅차올라.

아무 연고도 없는 부산 땅에 개척을 하겠다고 이리저리 뛰어다니는 내 모습과 상황을 아버지 하나님께서는 잘 알고 계셨어. 그래서 아버지 하나님께서 직접 나서신 거야. 그 권사님을 도구로 삼아 역사하신 거지. 난 이 일을 통해서 정말 큰 위로를 받았어. 기도 응답에 대한 확신과 믿음의 성장도 경험했고. 앞으로 인생을 살다가 어려운 일을 만나도 하나님 뜻대로 행하다가 당한 어려움이면 용기를 잃지 않을 수 있게 됐어. 왜? 아버지께서 반드시 도와주실 것임을 확신하니까. 정말 전혀 생각지도 못했던 기적 같은 방법으로 말이야. 이 사건은 나에게 있어 정말 소중한 간증 거리야.

나는 하나님의 뜻대로 교회 개척은 해야겠는데 물질이 없어 주저하고 고민하고 있는 분들께 당당히 조언하고 싶어. '개척이 내 뜻이 아니라 하나님의 뜻이라는 확신이 있다면 담대하게 개척을 선포하고 시작하라'고. 그리고 죽기 살기로 기도하면 하나님이 당신의 기적 같은 방법으로 물질을 주실 테니 염려하지 말라고 말이야.

사택부분에 대해서도 궁금해 하는 분들이 많더라구. 사택문제는 이렇게 해결할 수 있었어. 내 모교회인 강동교회(담임목사 이종문)에 가서 목사님께 사정 말씀을 드렸어. 그랬더니 감사하게도 담임목사님과 장로님들이 뜻을 모아 당회에서 나의 개척을 도와주기로 결의하셨지. 일단 1,000만 원을 주시고 매달 30만 원씩 3년 동안 지원해 주시기로 말이야. 거기에 지인들이 도움의 손길을 내밀었어. 그래서 한 달 만에 사택을 구할 수 있는 비용인 3,000만 원이 모아졌고, 보증금 3,000만 원에 월세 10만 원짜리 빌라로 이사를 가게 됐어. 놀라운 일은 교회를 3월 중순에 사임하고 불과 두달 만에 교회 개척 자금과 사택 전세 자금이 마련됐다는 사실이야. 거의 6,000만 원이 조금 넘는 금액이었으니 대단하지?

나는 이렇게 재정적인 부분에 대한 응답을 받으면서 생각했어. 하나님께서 나에게 이렇게 기적 같은 기도응답을 주신 까닭이 무엇인지 말이야. 그 이유는 나의 소중한 경험을 나눔으로써 나와 비슷한 입장에 놓인 가난한 목회자들이 절대로 용기와 위로와 소망을 잃어버리지 않기를 원하시는 하나님의 뜻이야.

내가 알고 있는 목회자들 가운데 개척을 하고 싶은데 시도조차 하지 못하는 분들이 꽤 있어. 가장 큰 이유 중 하나가 바로 재정에 대한 두려움이더라구. 교회를 개척하고는 싶은데 가지고 있는 돈이 없고, 도와줄 마땅한 사람도 없기 때문에 시도하지 못한다는 거지. 그런 분들께 나는 감히 말하고 싶어. 용기를 내서 도전하시라고. 하나님이 진정으로 원하시는 개척이라면 어떤 사람을 통해서든 반드시 필요한 만큼 채워주신다는 사실을 경험하게 될 테니까 말이야.

사실, 거의 모든 커다란 위기 때
우리의 심장이 근본적으로 필요로 하는 것은
따뜻한 한잔의 커피인 것 같다.

- 알렉산더 대왕 -

지방회(노회)의 승인을 받다

 인터넷이나 지인들을 통해 우리 교회를 찾아오시는 목회자들 가운데는 나와 우리 교회의 소속에 대해 궁금해 하시는 분들이 많아. 즉, 내가 속한 교단은 어디인지, 북카페 어린왕자가 그냥 카페일 뿐인지 아니면 정식 교회로 등록되어 있는지 말이야. 이 부분에 대해서 궁금해 하는건 당연하다고 생각해. 요즘 독립교단 소속 교회가 조금씩 늘어나고 있기는 하지만 대부분은 각자가 속한 교단에 소속된 교회로 개척하기를 원하니까.

 결론부터 미리 얘기하자면 나는 서울신학대학교 신학과, 서울신학대학교 신학 대학원을 졸업했어. 기독교대한성결교회에서 목사 안수를 받았고, 카페 교회 역시 교단에 정식으로 등록된 교회야. 카페 이름은 '북카페 어린왕자'지만 교단에 정식으로 등록된 교회 이름은 '참좋은교회'야.

처음에 카페 교회로 개척해야겠다고 마음 먹은 다음 그 다음일이 걱정됐어. 일반적인 교회가 아니라 개념조차 없는 카페 교회로 개척하겠다고 지방회(노회) 임원 목사님, 장로님들께 말씀드리면 어떤 반응을 보이실지 전혀 예측할 수가 없었거든. 왜냐하면 '카페 교회'라는 게 너무 '생소한' 개념이니까.

창립 예배를 드리기 전에 어떤 목사님과 대화를 나눈 적이 있어. 그분 성함은 잘 기억나지 않는데 하신 말씀은 아주 선명하게 기억에 남아. 내가 카페 교회로 개척하고 싶다는 말씀을 드렸더니 이렇게 반응하시더라구. '목사가 목회를 해야지…'

'목사가 목회를 해야 한다'는 그 짧은 한 마디 안에는 많은 의미가 함축되어 있었겠지? '카페'라는 말이 들어가니까 '목사가 정상적인(?) 목회를 해야지 왜 장사를 하려고 하느냐?' 뭐 이런 의미인거잖아? 맞아. 그게 100% 틀린 생각이라고 할 수도 없어. 어떻게 보면 다른 목사와는 달리 일반적인 목회만 하는 것이 아니라 목회와 장사를 겸하는 것이니까. 충분히 그 목사님의 마음을 이해할 수 있었어.

그래서 만약의 경우도 생각해봤어. 나는 카페 교회로 개척하고 싶으니 허락해 달라고 말씀드렸는데 지방회에서는 그렇게 해 줄 수 없다고 반응을 보이실 경우 말이야. 승인받을 확률보다 승인 받지 못할 확률

이 더 높다는 생각이 들데. 그러지 않기를 바라지만 만약 끝까지 허락을 안 해주신다면 기존 교단에 소속되어 개척하는 것을 포기하고 독립 교단으로 갈 생각까지 했어.

'교단'이라는 울타리도 중요하지만 더 중요한 건 나의 비전이잖아. 교단이 내 목회를 전적으로 책임져 주는 건 아니니까. 그러니 교단이냐 카페 교회냐 둘 중 하나만 택해야 한다면 나는 카페 교회를 선택하기로 작정했어. 일단 이렇게 마음먹으니 복잡한 머리가 정리되더구만. 먼저 지방회장 목사님께 전화드려서 만나 뵙고 나머지 지방회 임원들을 만나 말씀을 드렸어.

처음에는 약간 당황스러워하시더니 크게 반대하지 않고 허락해 주시더라구. 새로운 형태의 교회로 개척하는 것도 좋겠다는 열린 마음을 가지고 계셨던 거지. 그래서 우리 참좋은교회는 2010년 7월, 기독교대한성결교회 부산동지방회 소속으로 여러 어른들을 모시고 창립 예배를 드렸지.

우리 교회를 방문하신 목사님들 가운데 카페 교회가 너무 하고 싶은데 자신이 소속된 교단이 보수적이라 허락받지 못 할까봐 염려하는 분들을 봤어. 내 얘기를 들으면서 당신은 '성결교단'이기 때문에 가능했지 자신이 속한 교단은 보수적인 '고신'이기 때문에 어렵겠다고 미리부터 걱정하더라고.

그런 분들께 나는 이렇게 조언하고 싶어. 교단도 중요하지만 더 중요한 건 자신의 비전이라고. 아까도 얘기했지만 다른 누가 내 목회를 대신해서 해주지 않잖아. 그러면 자기가 주체의식을 가지고 해야지 누구 눈치 볼 게 뭐가 있어?

한 가지 더 알아야 할 것은 요즘은 지방회(노회) 어른 목사님들 가운데도 생각이 앞서가고 깨어 있는 분들도 많이 계시다는 사실이야. 그러니 시도해보지도 않고 미리 겁부터 먹지 말고 자신감을 가지고 부딪혀보라고 말이야.

젊은 목사가 새로운 형태로 개척해 보겠다고 간곡히 낮은 자세로 부탁하는데 무조건 반대하실 분들은 그리 많지 않을 거라고 나는 생각하거든. 혹시라도 만에 하나 그렇게 무조건적으로 반대하며 교회 승인을 안 해주겠다면 독립 교단으로 출발해버려. 그러다가 카페 교회가 성장해서 자립하면 다시 교단으로 들어가면 되니까. 안 받아줄 것같아? 염려 하지마. 웬만하면 받아줄 테니까. 이렇게 방법은 여러가지야. 안 그래?

어쨌든 나는 '카페 교회'라는 새로운 형태의 교회를 승인해 주시고 매달 선교비로 도와주시는 우리 부산동지방 임원 목사님, 장로님들께 진심으로 감사하고 있어.

인테리어 공사를 하다

 자, 이번엔 인테리어를 어떻게 했는지에 대해서 말해볼까 해. 드디어 주의 은혜로 보증금 천만 원을 해결하고나니 인테리어가 눈앞으로 다가오데. 공간도 그리 크지 않은데 내부는 상당히 지저분했어.
 이렇게 텅비고 지저분한 공간을 어떻게 채워야 할지 막막하더라구. 내가 그전까지 인테리어를 해본 적이 있어야지. 아마 교회 안에 카페를 만들려고 하거나 카페 교회로 개척을 생각하는 분들도 나와 같은 심정일 거야. 물론 돈만 충분히 있으면 걱정할 건 하나도 없어. 업자 불러서 잘 해달라고 얘기하기만 하면 되니까. 하지만 나는 그런 상황이 아니잖아. 남들은 교회 인테리어를 하는데만 1억 가까운 돈을 들인다는데 나는 10분의 1정도 밖에 안 되는 1,000만 원으로 인테리어를 하려니 답이 안 나왔던 거지.

 일단 이런 인테리어 경험이 풍부한 B집사와 상의했어. 그랬더니 자신이 아는 사람 중에는 인테리어 업자가 없다는 거야. 대신 간판 제작하는 사장을 알고 있으니 그쪽에 부탁해서 인테리어 업자를 소개받기로 했어. 물론 카페지만 교회라는 것을 알리고 가급적이면 저렴한 비용으로 하기를 원한다는 말도 빼놓지 않았지. B집사 얘기로는 이 정도 공간이면 저렴하게 해서 천만 원이면 되겠다는 거야. 그 말을 들으니 신이 나더라구. 왜냐하면 나도 그 정도 비용을 생각하고 있었으니까.

며칠이 지나서 간판 제작하는 사장과 인테리어 업자가 찾아왔어. 공간을 둘러본 다음 며칠 있다가 견적을 내기로 했어. 그런데 묻더라구. 어떤 방식으로 할지. 내가 되물었지. 어떤 방식이 있냐고. 그랬더니 첫 번째는 그 인테리어 업자에게 모든 것을 맡기는 방식이 있다는 거야. 어떤 사람을 쓸지, 어디서 재료를 구입할지 등등 모든 것을 업자가 총괄해서 인테리어를 하는 거지. 이런 방식의 장점은 나처럼 인테리어에 대해서 전혀 문외한인 사람은 신경 쓰지 않아도 된다는 거야. 실은 신경 쓰고 싶지만 뭘 알아야 신경쓰지. 그냥 업자가 잘 알아서 하겠거니 맡기고 중간중간 내가 원하는 대로 일이 진행되는지 점검만 하면 되는 거지.

그런데 장점만 있겠어? 물론 단점도 있겠지? 단점은 비용이 많이 들어. 업자에게 맡기면 공사를 총괄하는 사람 사용하는 비용까지 돈을 더 줘야 해. 몇십 만원도 아니고 일주일에서 열흘 일하는데 적어도 2

백만 원 이상 줘야 한다는 거야. 또 한 가지 단점을 더 들자면, 신뢰 관계가 없을 때 속을 수도 있다는 점이지. 속는다는 게 뭐 대단한 건 아니고 실제 공사비보다 재료비 같은 것을 더 부풀려서 비용을 청구할 수도 있다는 거야. 인건비야 정해진 거니까 속이기 어렵다지만 재료 구입비는 얼마든지 부풀릴 수 있거든. 물론 이건 부정적으로 생각하면 그럴 수 있다는 말이야.

어쨌든 비용적인 부담 때문에 아무것도 모르지만 전체 공사 진행 방식을 내가 하는 걸로 해서 견적을 내 달라고 했어. 그 인테리어 업자 표정이 별로 좋진 않데. 왜냐하면 우리 교회가 작은 규모의 인테리어 공사이기 때문에 돈이 안 되는데 자기가 받아야 할 돈도 안 주고 내가 관리해보겠다고 하니까 그렇겠지. 자기들 입장에선 같은 기간에 일을 하더라도 규모가 큰 공사를 하면 버는 게 더 많을 수 있을 테니까….

그렇게 미팅을 마치고 이틀인가 지나서 견적서가 도착했어. 그런데 최소비용이 1,600만 원이 넘게 적혀있는 거야. 틀림없이 개척 교회 인테리어이기 때문에 저렴하게 해달라는 의사를 전달한 걸로 알고 있는데 말이야. 당황스럽더라구. B집사는 1,000만 원 정도면 할 수 있지 않겠냐고 했는데 최소 1,600만 원이라는 견적서를 받았잖아. 돈만 많으면 무슨 문제가 있겠어. 돈이 없으니 문제지. 2천만 원으로 인테리어와 도서구입, 머신, 냉장고 같은 비품 일체를 해결해야 하는데 인테리어에서만 1,600백이 나오면 나머진 어떻게 해? 그런데 문제는 그 견적이 맞는 건지 안 맞는 건지 내가 봐도 모른다는 거야. 목사가 어떻게 알겠어? 하얀 건 종이고, 까만 건 잉크라는 것밖에.

어떻게 해야 할까 고민하다가 마침 나와 친분이 있던 집사 중에 인테리어는 아니지만 그런 분야를 전문으로 하는 집사가 있었어. 도움을 받을 수 있겠다 싶었지. 그래서 그 집사에게 전화를 걸어 상황을 얘기했더니 이렇게 코치 해주더라구. 그 견적서에는 항목이 몇 개의 큰 덩어리로만 나눠있는데 그게 문제라는 거야. 견적을 낸 인테리어 업자에게 다시 연락해서 항목을 세밀하게 나누고 그에 따른 비용을 구체적으로 적어달라고 얘기하래.

예를 들어 '목수일 4,000,000' 이렇게 나와 있는 걸 합판 얼마, 니스 얼마, 잡자재 얼마 이런 식으로 세분화시켜 작성하라는 거지. 자기들이 견적을 그렇게 낸 그 근거가 있을 테니까. 만약 나를 속이려는 의도가 없이 정직하게 견적을 낸 거라면 항목을 세분해서 다시 보내줄 테지만, 만약 비용을 부풀린 거라면 어떤 이유를 대서라도 세부 견적은 못 주겠다고 얘기할 거라더라구.

그 말을 듣고 바로 인테리어 업자에게 전화했어. 시킨대로 말했지. 조금더 구체적으로 알고 싶으니 품목별로 세분화시켜 견적서를 다시 보내달라고. 그랬더니 약간 당황스러워하는 말투로 세부적인 견적은

94 불신자들이 스스로 찾아오는 카페교회 이야기

못 내준다는 거야. 그 말을 듣는 순간 감이 딱 오더만. 불가능한 게 아니라 뭔가 캥기는 부분이 있다는 게 느껴졌어. 그래서 정 그렇다면 인테리어는 다른 업자에게 맡긴다 했지. 이제 누구에게 맡겨야 할지 모르겠더라구. 내가 아는 사람은 하나도 없으니까. 그런 와중에 한 사람이 떠올랐어. 전에 사역하던 교회 A집사님이었어. 예전에 목수일도 하셨고 공장도 운영했다는 말을 들은 적이 있었거든. 그래서 A집사님께 부탁하면 믿을 만한 인테리어 업자를 소개받을 수 있지 않을까 싶었던 거지. 가능하면 부탁같은 거 안 하려고 했는데 상황이 다급해지니 별 수 없더라구. 연락해서 만나 지금까지의 상황을 자세히 말씀드렸어. 들으시더니 당신이 한번 맡아서 해보겠다시는 거야. 예전에 집도 여러 채 지어본 경험도 있는 데다가 잘 아는 목수들도 있어서 충분히 하실 수 있다시는 거야. 내가 돈 없이 개척하는 것도 알기에 당신이 직접 뛰어서 최대한 저렴한 비용으로 해보겠다시니 내가 얼마나 기뻐했을지 눈에 선하지?

인테리어 공사 시작부터 마지막까지 A집사님이 진두지휘했어. 아는 목수들을 불러 일을 시켰는데 A집사님이 전문가다보니 어떤 재료를 구입해야 할지, 어떻게 해야 불필요하게 남는 게 없이 딱 떨어지는지를 아니까 공사가 효율적으로 진행되더라구. 그리고 도배, 장판 이런 것들도 아는 사람들에게 최대한 저렴한 가격으로 일을 시키니 비용은 많이 나가지 않았어. 이렇게 인테리어 공사를 하는 중에 날마다 출근

한 건 내가 아니라 A집사님이었어. 왜냐하면 내가 아는 것이 전혀 없으니 현장에 나가 있어봤자 걸리적거리기만 했거든.

북카페다보니 조명도 예쁘게 달아야 하잖아. 그 비용도 만만치 않았어. 전기 공사하고 예쁜 조명을 설치하는데 최소 2백만 원 정도가 들었어. 그런데 Y장로님께서 무료로 해주셨어. 열흘 안쪽으로 끝나리라 생각했는데 이런 저런 사정으로 14일 정도 걸렸던 것 같아. 정말 지저분하고 형편없던 장소가 아담하고 예쁘고 깔끔한 북카페로 180도 변해버린 거지. 이쯤되면 인테리어 비용이 얼마 나왔는지 궁금하지 않아? 전기 공사와 등 단가 제외하고 총 750만 원 정도 나왔어. 처음에 견적 낸 인테리어 업자는 최소 1,600만 원이라고 했는데 말야. 그 사람이 제시했던 견적에 반도 안 나왔던 거지.

참좋은북카페교회가 양정에 세워지기까지 세 사람의 공로가 컸어. 한분은 개척자금을 헌금했던 C권사님이고, 다른 한 분은 인테리어를 책임졌던 A집사님이고, 끝으로 북카페에 대한 컨설팅을 해준 B집사님이었어. 이 세 분은 내가 평생 잊지 못할 은인이라 해도 과언이 아니야. 어려울 때 도움을 받으면 그 고마움이 정말 크고 오래가니까. 물론 다른 분들도 십시일반으로 많은 도움을 주셨어. 하나님께서 당신의 사람들을 통해 이 땅에 교회가 세워지는 것을 기뻐하시고 도우신다는 것을 경험할 수 있었어.

참고로 내가 우리 카페 교회 인테리어 구상을 어떻게 했는지 궁금해 하는 분들이 많더라구. 그래서 그 궁금증을 풀어드리려고. 내가 했던 방식이 약간이나마 도움이 되길 바래.
　먼저 책을 구입해서 보는 게 가장 좋아. 예쁜 카페나 카페 인테리어에 관한 책들은 많이 있어. 자기가 생각하는 컨셉과 비슷한 분위기를 소개하는 책 가운데서 몇 권 구입해서 읽다 보면 좋은 아이디어가 떠오를 거야. 사진도 많이 들어있거든. 우리 카페 교회 역시 메인 책장을 비롯해서 여러 부분을 그렇게 책에 있는 사진을 보고 아이디어를 얻었으니까. 그리고 가능하면 여러 카페를 다녀보는 게 좋아. 자기가 구상하고 있는 것과 비슷한 분위기의 카페를 찾아 가보는 게 좋겠지. 인테리어를 어떻게 했는지, 어떤 잔을 사용하고, 소파를 어떻게 배치했는지, 메뉴판은 어떻게 생겼는지…. 소소한 것부터 큰 것까지 자세히 봐두는 게 좋아. 이런 과정을 통해서 자기 공간을 잘 꾸밀 수 있는 아이디어가 떠오르게 되거든.
　자! 오늘은 인테리어 얘기를 했는데 정말 한 가지라도 주님의 도우심이 없이 좋은 결과가 나올 수 없다는 교훈을 인테리어 공사를 통해서 얻게 됐어.

이해력을 높이고 싶다면 커피를 마셔라.
커피는 인텔리전트 음료다.

- 시드니 스미스(영국의 수필가) -

핸드 드립이냐, 에스프레소 머신이냐?

오늘은 어떤 이야기를 해볼까? 북카페에서 가장 중요한 두 가지 중 한 가지인 커피에 대해서 말해볼게. 일단 커피 이론을 공부하기 위해서 관련된 책을 여러 권 구입해서 읽었다는 거야. 동시에 실전에 관한 경험도 필요하잖아. 핸드 드립 기구를 사다가 집에서 커피를 내리기 시작했어.

실은 카페 교회를 개척하기 전까지만 해도 '원두커피'라든지 '아메리카노' 같은 건 쓰고 맛없는 한약 같은 생각이 들어 안 마셨어. 오직 믹스커피 매니아였지. 하루에도 믹스커피를 기본 대여섯 잔씩 마셨으니까. 그런데 카페 교회로 개척하려고 하니 커피를 알아야 했고, 싫어도 마실 수밖에 없었어. 어쨌든 여러 종류의 원두를 구입해서 수동 그라인더로 갈고, 깔때기를 넣고 물을 부어 핸드 드립 커피를 마시니 처음엔 쓰게 느껴졌지만 금방 적응할 수 있게 되더라구.

그때였어. 카페 컨설팅을 해준 B집사가 제안을 했어. 에스프레소 머신을 놓지말고 핸드 드립 전문점으로 해보면 어떻겠냐구. 그렇게 제안한 이유는 차별화 하는게 좋지 않겠냐는 생각이었던 거지. 카페들이 너무 많이 생겼고 그 결과 일반적인 형태의 카페로 오픈하면 다른 카페들과 별로 차별화가 되지 않기 때문에 사람들을 끌기가 어렵다는 거지.

하지만 핸드 드립 커피 전문점은 차별화가 되기 때문에 커피를 좋아하는 사람들이 멀리서도 찾아올 수 있지 않겠냐는 논리였어. 게다가 일반 아메리카노나 카페라떼 같은 경우는 1,500~2,000원 정도밖에 받지 못하는데 핸드 드립 커피는 적어도 4,000~5,000원은 받을 수 있기 때문에 수익성도 훨씬 높아지잖아. 말을 듣고 보니 일리가 있었어.

그러지 않아도 요즘은 브랜드 카페들도 많이 생겼지만 동네마다 골목마다 테이크아웃을 위주로 하는 소규모 커피전문점들도 많이 생겼잖아. 저렴한 가격에 가까운 곳에서 쉽게 커피를 마실 수 있는 환경이기 때문에 5층까지 올라오기는 힘들겠다는 생각도 들었고. 그래서 정말 핸드 드립을 전문으로 하는 카페로 만들려고 했어. 그런데 아내가 반대를 하는 거야. 아무리 생각해도 아파트 상가 5층에서 핸드 드립 하는 카페를 오픈한다고 해서 누가 먼 곳에서 여기까지 찾아오겠냐는 거지. 접근성도 떨어지고 사람들의 수준도 높지 않기 때문에 핸드 드

립 전문점보다는 일반적인 카페를 하는 게 좋겠다고 계속 말하는 거야. 아내는 웬만하면 내 생각을 잘 따라오는 편인데 이 부분에 있어서는 자기주장을 포기하지 않았어. 아주 완강하더라구. 아내의 말을 듣고 생각해보니 그 말도 일리가 있었어. 기도하며 고민하던 끝에 핸드 드립 전문점은 아니라는 결정을 내리게 됐고 일반적인 카페로 오픈을 하게 됐지.

그런데 말이야 핸드 드립 전문점이 아니라 에스프레소 머신이 있는 일반 카페로 시작한 게 정말 잘한 일이라는 사실을 시간이 지나 알게 됐어. 일단 5층에 있는 카페로 커피를 마시기 위해 먼곳에서 일부러 찾아오는 사람은 없어. 내가 아주 유명한 바리스타가 아닌 이상 말이지. 유명한 바리스타라고해도 서면이나 남포동, 동래의 목이 좋은 곳에 위치한 핸드 드립 전문점을 가겠지 이렇게 양정 현대프라자상가처럼 외진 곳엔 안 왔을 거야.

그리고 이 상가에 드나드는 대부분은 주부들이야. 소수의 주부들을 제외한 대부분의 주부들은 커피 마시는데 비싼 돈을 지불하는 일을 꺼려해. 결혼하고 자녀 양육을 하는 대부분의 엄마들이 그렇잖아. 비싼 커피를 주저하지 않고 마시는 층은 20~30대 아가씨들인 거지. 물론 지역에 따른 차이는 있다고 봐. 생활수준이 중산층 이상이거나 커피를 아주 좋아하는 주부들이라면 4~5천 원 내고 커피 마시는 것에 대해서는 전혀 부담 갖지 않겠지. 어쨌든 만약 핸드 드립을 전문으로 하는 카페로 오픈했다면 사람들이 지금처럼 쉽게 방문하지는 못 했을 거야.

혹시라도 카페를 오픈하고자 하는 사람들이 있다면 내가 하는 말을 잘 새겨들으면 도움이 될 거야. 본인이 핸드 드립의 전문가가 되기 전에는 규모에 상관없이 일단 에스프레소 머신을 놓고 커피를 팔아. 그리고 나중에 여력이 되면 핸드 드립을 추가하는 게 좋지 처음부터 핸드 드립 전문점으로 출발하지 말라는 거야. 무슨 말인지 알겠지?

머신을 구입하다

며칠 동안 뭐하느라 바빴나 몰라. 다이어리도, 개척이야기도 쓸 겨를이 없었으니까 말이야. 아무래도 이문열의 삼국지에 너무 깊이 빠진 까닭이었겠지.

자! 게으름은 이제 그만 부리고 다시 개척이야기를 풀어나갈 생각이야. 오늘은 '에스프레소 머신'에 대해서 얘기하려고 해.

머신을 구입하기 위해서 인터넷 검색을 시작했어. 생각보다 많은 업체에서 머신을 취급하더라구. 그런데 문제는 가격이야. 대여도 해주는데 너무 비싸기 때문에 사는 것이 훨씬 저렴한 거야. 에스프레소 머신 새 거는 2구짜리가 600~1,000만 원 정도였어. 물론 비싼건 3~4천만 원도 넘었고…. 실은 중고 머신을 사는 게 내 형편에는 더 맞았지만 믿을 만한 업체를 찾을 수 있어야지. 그러고 있는데 B집사님에게서 전화가 왔어. B집사님은 작은 사업체를 운영하고 있었어. 작은 사업체란 내가 하려는 업종인 카페는 아니지만 비슷한 거라고나 할까? 한 군데만 운영하고 있는 게 아니라 몇 군데 점포를 운영하고 있는 10년차 오너야. 그러니 아무래도 인테리어를 어떻게 하고, 재료를 어디가야 싸게 구입할 수 있는지 같은 노하우를 잘 알고 있었지. 나를 도와주겠다는 거야. 할렐루야!

만나서 대화를 나누는데 하나님께 감사했어. 나에게 정말 필요한 사람이었으니까. 먼저 나에게 커피에 관련된 거의 모든 재료를 취급하는 업체를 소개시켜줬어. 나는 그런 믿을 만한 업체가 서울에만 있는 줄 알았거든. 그런데 부산에도 믿을 만한 업체가 있다는 것을 B집사님은 알고 있었던 거지. 이런 것이 바로 노하우잖아. 내가 알아봤던 업체와 가격 비교를 해보니 20%정도는 저렴하더라구. 그게 어디야? 게다가 내가 직접 가지러 가지 않아도 주문하면 배달해주기도 하고. 이 업체에서는 커피 원두만 취급하는 게 아니라 카페에 관련된 거의 모든 물품들을 마트보다 더 저렴한 가격으로 공급해주고 있어. 설탕시럽, 컵, 빨대, 팥빙수 재료, 각종 시럽 등.

그런데 바로 옆엔 에스프레소 머신을 중고로 취급하는 곳이 있는 거야. 한번 들어가봤지. 중고 에스프레소 머신은 가격이 저렴한 대신 고장과 그에 따른 A/S때문에 구입이 꺼려지잖아. 그런데 재료를 취급하는 사장님께서 이 업체 역시 믿을 만한 곳이라고 알려주셔서 결국 여

기서 4년된 1그룹짜리 엑스포바 에스프레소 머신을 250만 원 주고 구입했어.

여기서 잠깐, 1구, 2구 하니까 무슨 말인지 잘 모를 것 같은데? 그 부분을 설명하고 넘어가는게 좋겠지? 머신은 스팀치는 노즐의 갯수에 따라 1구, 2구라고 말하기도 하고, 1그룹, 2그룹이라고 말하기도 해. 1그룹과 2그룹의 결정적인 차이는 보일러 용량이야. 에스프레소 머신은 항상 뜨거운 물을 끓이는 보일러가 있어. 1그룹에 비해서 2그룹 머신이 보일러 용량이 더 크겠지. 그 크기가 어떤 차이를 가져오냐구? 이런 차이를 가져오게 돼.

한꺼번에 사람들이 몰려와서 커피 주문을 한다고 가정해 보자구. 그러면 에스프레소를 열 잔, 스무 잔 뽑아야겠지. 그렇게 연속해서 에스프레소를 추출하고 스팀으로 우유를 데우다 보면 작은 1그룹은 보일러 용량이 적기 때문에 뜨거운 물이 금방 바닥나. 그러면 데워질 때까지 기다려야해. 내 경험에 의하면 1그룹 머신은 연속해서 15잔 정도 뽑으면 빨간불이 들어오더라구. 물론 내가 사용하고 있는 1그룹짜리 머신을 기준으로 하는 말이야. 만약에 대기자들이 30명쯤 있다면 에스프레소를 추출하는데 문제가 되겠지? 그래서 사람들이 많이 올 것 같다고 생각되면 2그룹 에스프레소 머신을, 사람들이 띄엄띄엄 올 것 같다고 생각되면 1그룹 에스프레소 머신을 구입하는 게 좋겠지.

여기서 팁을 한 가지 알려줄께

첫째, 새 것으로 구입하든, 중고로 구입하든 간에 에스프레소 머신은 1그룹보단 2그룹으로 구입하는 게 좋아. 왜냐구? 일단 1그룹과 2그룹의 가격차이가 그리 많이 나지 않아. 일반적으로 2그룹이 많이 쓰이기 때문에 1그룹은 중고 매물도 별로 없거든.

둘째, 사람들이 적게 온다고 1그룹짜리 머신을 쓰다가 나중에 사람들이 많이 온다고 2그룹짜리 머신으로 바꿀 수 없기 때문이야. 처음부터 머신을 2그룹짜리를 구입하면 사람 없을 땐 없는 대로 1그룹만 사용하다가 사람 많아지면 2그룹까지 사용하면 되니 문제가 없잖아. 이런 팁을 어떻게 알았겠어? 1년 반 동안 북카페를 운영하다보니 깨달아진 거지. 누가 나에게 이런 사실을 시작할 때 알려줬더라면 2그룹 머신을 구입했을 텐데.

그리고 한 가지 더 알아야 할 것이 있어. 1그룹의 경우 적당한 보일러의 크기는 4~6리터야. 이때 전기 소모량은 2,000~2,500W 정도는 되어야 업소에서 사용하기에 적당하다고 볼 수 있거든. 2그룹 같은 경우는 보일러의 크기가 11~14리터 정도는 되어야 하고. 그런데 어떤 머신은 2그룹인데도 가격이 다른 것에 비해서 상당히 저렴한 것들이 있어. 이게 웬 떡이냐 싶어 따져보지 않고 덥석 구입하면 나중에 후회하게 되는 거야.

왜냐구? 2그룹 머신일지라도 보일러 용량이 작은건 값이 저렴하거든. 2그룹인데 가격이 너무 싼 머신 중에는 보일러 용량이 10리터 미만인 경우가 있어. 이건 스팀 노즐이 두 개일 뿐인 거지 실은 1그룹과 크게 다르지 않기 때문에 별로 추천하고 싶지 않거든. 따라서 머신을 구입할 때는 보일러 용량과 전기 소모량이 얼마나 되는지 꼼꼼하게 체크하는 게 중요해.

일단 북카페를 오픈하는데 있어서 가장 핵심적인 에스프레소 머신과 커피 재료 공급업체 문제가 해결되니까 마음이 놓이더라구. 만약 내가 스스로 머신을 구입하고 재료상을 찾으려했다면 시행착오도 많이 겪고 저렴하게 구입하지 못 했을른지도 몰라. B집사님 덕분에 그런 시행착오를 줄일 수 있었지. 오늘도 주님과 동행하는 행복한 하루 되셔~

내가 좋아하는 것은 향기다.
집 근처에서 커피콩을 볶을 때면
나는 서둘러 창문을 열어 그 향기를 모두 받아들인다.
- 장자크 루소(프랑스의 사상가) -

비품을 구입하다

지난번에 에스프레소 머신에 대해서 얘기했지? 오늘은 카페에 놓아야 할 각종 비품 구입에 대해서 얘기해줄게. 반복해서 하는 말이지만 난 돈이 넉넉하지 않았어. 그렇기 때문에 쓸 만한 물건을 가장 저렴한 곳에서 구입할 필요가 있었지. 개척할 때 돈이 많으면 이런 것 가지고 고민할 필요는 없어. 좋은 데 가서 새것으로 구입하면 되니까. 하지만 나처럼 돈이 넉넉하지 않은 상태에서 개척하려고 하는 사람들은 내 이야기가 도움이 될 거야. 잘 들어봐.

의자와 테이블

일단 북카페에 필요한 의자와 소파, 테이블을 구입해야 했어. 어디 가야 싸게 구입할 수 있는가를 B집사님에게 물어봤더니 재활용품 센터로 가라는 거야. 중고품 판매 센터도 아니고 재활용품 판매하는 곳

말이야. 재활용품센터가 중고용품 판매하는 곳보다 더 저렴하다는 거지. 대신 물건의 질은 아무래도 중고용품 판매하는 곳만 못해. 그래도 발품만 잘 판다면 괜찮은 물건을 구할 수 있는 곳이 바로 지역별 재활용품센터야.

인터넷을 통해서 부산에 재활용품 센터를 찾기 시작했어. 검색이 되기는 하는데 인터넷에 있는 정보만으로는 규모가 큰지 작은지 알 수가 있어야지. 그래서 직접 찾아 다니기 시작했어. 여러 군데를 돌아다녔어. 열댓 군데는 훨씬 넘게 다녔으니까. 어떤 곳은 규모가 너무 작아서, 어떤 곳은 규모는 크지만 원하는 물건이 없어서 그냥 발걸음을 돌릴 수밖에 없었어. 그래도 열심히 발품을 판 결과 상태가 양호하면서 가격도 저렴한 의자와 소파를 구할 수 있었지. 의자는 개당 1만 원 정도에 15개를, 소파는 개당 5만 원 정도에 4개를 구입했으니까.

여기서 잠깐!!!!

재활용센터에서는 물건을 저렴하게 살 수 있다는 장점은 있지만 반면에 똑같은 물건을 대량으로 구매하는 건 힘들어. 예를 들어 똑같은 디자인의 의자가 20개 이상 판매되는 일은 별로 없다는 말이지. 그래서 우리 북카페 같은 경우도 의자들이 테이블 별로 다 제각각이야. 그러니 전부 똑같은 물건으로 통일하고 싶다면 재활용품 센터는 의미가 없을른지도 몰라. 나처럼 따로 국밥 같은 컨셉도 괜찮다면 도전해 볼 가치도 있겠지만 말야.

의자는 어떻게 해서든 짝을 맞춰 구입을 했는데 문제는 테이블이었지. 테이블이 적어도 여섯 개는 필요했는데 똑같은 물건 구하기가 너무 어렵더라구. 의자들이야 제각각이라도 테이블이 같으면 통일성이 있기 때문에 눈에 크게 거슬리진 않겠지만 테이블은 다르지. 테이블이 다 제각각이면 통일성도 없고 분위기가 너무 산만해질 수 있으니까. 재활용센터에서 같은 종류의 테이블을 찾다 찾다 결국 포기할 수밖에 없었어.

할 수 없이 테이블 만큼은 새것으로 구입하기로 결정했고, 아는 인테리어 업체에 개당 7만 원에 주문했어. 이건 잘한 선택이었어. 의자가 제각각이라도 테이블은 같은 것을 해놓으니까 통일성도 있고 깔끔해서 좋았어. 이런 과정을 통해 의자와 테이블 구입을 마치게 됐어.

냉장고와 냉동고

　냉장고, 냉동고도 마찬가지야. 어느 지역이든 이런 가전 제품들을 중고로 판매하는 곳이 있어. 부산 같은 경우는 부전시장이 규모가 큰 편인데 거기에 가면 입구 쪽에 중고제품을 판매하는 가게들이 모여 있어. 몇 군데 다녀봤는데 가격 차이는 별로 없더라구. 그래서 교회 다니는 장로님이 운영하신다는 업체를 소개 받아 중고로 냉장고와 냉동고를 구입했어.

　여기서 팁을 한 가지 더 알려줘야겠지. 카페를 운영할 때 냉동고는 그렇게 크지 않아도 상관없어. 그런데 냉장고는 처음 구입할 때 가능하면 큰 게 좋아. 카페를 1년 이상 운영해보니 냉동고에 비해서 냉장고에 들어갈 물건들이 상당히 많다는 걸 알았지. 나는 그것도 모르고 작은 사이즈의 냉장고를 구입하는 바람에 얼마 안 있다가 냉장고를 또 구입해야 했어.

　그래서 냉장고를 두 대 사용하고 있는데 보기가 좋지는 않아. 그래두 어떻게 하겠어. 그냥 사용할 수밖에…. 머신을 1그룹보다 2그룹 구입하는 것이 나중을 생각해서 유리한 선택인 것처럼 냉장고 역시 처음부터 큰 사이즈를 구입하는 게 여러 가지 면에서 좋을 거야.

제빙기와 빙삭기

　제빙기와 빙삭기에 대해서도 궁금하겠지? 제빙기는 얼음을 만드는 장치야. 가격이 비싸지. 저렴한 게 150~200만 원 이상이니까. 공간도 많이 차지하고… 빙삭기는 얼음을 가는 기계야. 이건 가격이 저렴하지. 30만 원대 중반 정도면 구입 가능하니까. 물론 비싼 제품은 아주 비싸고.

　제빙기는 처음부터 구입하지 않는 게 좋아. 물론 오픈하자마자 사람들이 구름떼같이 몰려와서 하루에 얼음을 20~30봉지 이상 사용한다면 얘기는 달라져. 그렇게 잘 될 것 같으면 처음부터 구입하는 게 좋겠지. 하지만 하루에 얼음을 6~8봉지 미만으로 사용한다면 제빙기를 구입하지 말고 봉지 얼음을 구입해서 사용하는 게 경제적이야. 봉지얼음은 근처에 얼음집에서 취급하고 배달도 해줘. 작년까지 한 봉지에 천 원이었는데 올해부터 천이백 원으로 올랐어. 이건 지역마다 다르기 때문에 조금 더 가격이 높거나 낮을 수도 있으니 참고하셔. 우리 북카페 같은 경우는 많이 나가면 하루에 5봉지 정도, 안 나가면 하루에 2봉지 정도 나가. 물론 한여름을 기준으로. 그렇기 때문에 제빙기를 구입할 필요가 없었지.

　빙삭기는 처음부터 필요한 물건이야. 아이스 음료를 만들 때 각 얼음을 그냥 넣는데도 있지만 약간 번거롭더라도 갈아서 넣어주는 것을 사람들은 더 좋아하더라구. 그리고 팥빙수를 만들 때도 빙삭기는 필요하고.

실수담을 하나 들려줄까? 난 처음에 돈을 아낀다고 빙삭기를 중고로 구입했어. 그렇게 열흘 정도 사용하다가 어느 날 내부를 살펴보게 됐어. 그런데 이게 왠 일이야! 칼날을 제외한 나머지 부분이 녹이 너무 슬어 있는 거야. 기계 내부에 녹이 슬어 있다고 해서 녹이 얼음에 섞여 나오는건 아니었지만 영 기분이 찜찜하더라구. 나도 먹어야 하는 건데 이왕이면 깨끗한 것이어야 하지 않겠어? 그래서 약간 손해보고 다시 판 다음 새것으로 구입했어. 빙삭기는 삼우 제품을 제일 알아주더라구. 제일 알아준다는 건 최고로 좋다는 말이 아니라 가격대비 성능이 믿을 만 하다는 말이지. 30만 원 중반이면 새 것 살 수 있으니 빙삭기 같은 경우는 중고제품 말고 새것으로 구입하는 게 좋다고 생각해.

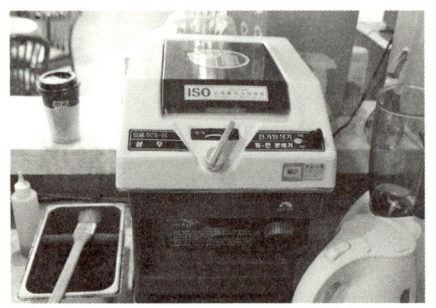

그런데 이런 저가 빙삭기에서는 얼음이 가늘게 분쇄돼서 나오지 않아. 그래서 아이스 음료를 만드는 데는 전혀 지장이 없지만 팥빙수 만들 때엔 약간 애로사항이 있지. 왜 그런가 하면 팥빙수에 사용되는 얼음은 가늘면 가늘수록 보기도 좋고 먹기도 좋으니까. 혹시 '눈꽃빙수'라고 들어봤어?

요즘 파리바게트나 뚜레주르 같은 곳에서는 눈꽃빙수라고 눈처럼 가늘게 나오는 얼음을 사용해서 팥빙수를 만들거든. 보기좋은 떡이 먹기도 좋다고, 나도 한번 사용해볼까 하는 마음이 들어서 제품을 알아봤는데 가격이 놀라워! 저렴한 제품이 200만 원 정도였어. 더 비싼 제품도 있고 … 내가 구입하기에는 너무 가격이 비쌌지.

그런데 말이야. 얼마 전에 용호동에 아주 유명한 팥빙수 집에 갔었어. '할매 팥빙수'라고. 장사 정말 잘 되는 곳이야. 한겨울에도 팥빙수를 파니까. 팥빙수에 넣는 것도 별로 없어. 우유, 직접 만든 팥, 복숭아 잼 같은 거. 대신 팥과 잼을 직접 만드는데 그게 아주 맛이 좋거든. 그래서 사람들이 좋아해. 여하튼 그 가게에 가서 내 눈에 들어 온건 재료가 뭐냐 하느냐보다 갈려져 나온 얼음이었어.

내가 사용하는 빙삭기랑 크기도 비슷한데 얼음이 눈꽃빙수처럼 아주 가늘게 나오더라구. 한번 살펴봤지. 일단 사용하는 얼음이 다르더군. 각얼음이 아니라 통으로 얼린 큰 얼음 덩어리를 사용했어. 얼음의 차이인지 아니면 빙삭기의 차이인지는 잘 모르겠지만 혹시 빙삭기를 구입할 때 혹시라도 얼음이 눈꽃빙수 수준으로 가늘게 분쇄 되는 게 있다면 돈을 조금 더 주더라도 그런 제품을 구입하라고 말해주고 싶어.

믹서기와 커피잔

스무디나 생과일 주스를 만들기 위해서는 블랜더나 믹서기가 필요해. 그런데 나는 블랜더가 아니라 일반 믹서기를 사용하고 있어. 블랜더라는게 일반 믹서기보다는 더 나은 결과물을 만들어내는 대신에 가격이 비싸. 사람들이 많이 와서 하루에도 50번 이상씩 사용한다면 블랜더를 사용하는게 맞겠지만 그렇지 않다면 일반 믹서기도로 충분해. 나 같은 경우는 필립스 제품을 1년 넘게 사용하고 있는데 아직까지도 작동이 잘 되고 있어. 통만 따로 팔기도 하니까 필요하면 한 개 더 구입해도 상관없고.

카페에서 사용할 수 있는 커피 잔(머그잔)은 어떤 것을 선택해야 할지에 대해서 얘기해볼게. 북카페를 오픈하기 전에 어떤 컵(잔)을 사용해야 할지 잘 모르겠더라구. 그래서 M집사님께 전화를 했지. 오랜만이라 연락이 될까 싶었는데 전화했더니 받더라구. 그 집사님은 호텔이나 콘도에 주방용품(주로 그릇과 컵)을 납품하는 회사를 운영하고 있었거든. 통화를 하면서 겉으로는 아무 말도 못하고 대신 속으로 생각했어. '나에게 커피 잔들을 기증해주면 좋을텐데' 그런데 이게 웬일이야! 내가 달란 말을 하지 않았는데도 원하시는 만큼 드릴 테니 말씀만 하라시는 거야! 할렐루야!

북카페를 오픈하기에 앞서 컵들이 도착했어. 실물은 아래와 같아.

어때? 깔끔하지? 생각보다 단단해서 땅에 떨어져도 잘 깨지지는 않아. 이 컵을 가지고 북카페를 시작했어. 그런데 시간이 지나자 카페에서 사용하기에는 기증 받은 컵이 적당하지 않다는 것을 알게 됐어. 어떤 문제가 있었냐구? 사이즈가 작았어. 그리고 너무 밋밋한 디자인이고. 다른 브랜드 커피 매장에서 사용하는 커피잔(머그컵)은 사이즈가 커. 적어도 내가 사용하고 있는 저 커피 잔에 비해서 말이지. 디자인이 없는 거야 그렇다고 치더라도 다른데 비해 사이즈가 작은 건 아니라는 결론을 내린 거지. 그래서 이 컵은 어떻게 사용하고 있을까? 장식용이나 주스같은 음료잔으로 아주 훌륭하게 사용하고 있어.

어떻게 해야 했을까? 당연히 다른 커피 매장에서 사용하는 크기 정도의 커피잔(머그컵)을 구할 필요가 생긴거지. 사람들이 한꺼번에 그리 많이 오는 게 아니었기 때문에 너무 많이는 필요 없었고 일단 10여

개 정도만 있으면 되겠더라구. 그냥 커피잔이 아니라 이왕이면 하나님의 말씀이나 십자가를 예쁘게 디자인한 것이되 불신자들도 큰 거부감이 들지 않는 그런 커피잔 말이야.

그런데 어디서 사야할지 알 수가 있어야지. 일단 사직에 있는 기독교서적센터로 갔지. 다행히도 용품 코너에 보니 커피잔들이 많이 있는 거야. 종류도 다양하고. 그래서 골라왔어. 문구는 너무 직설적으로 기독교 냄새가 나는 건 피했어. 그 사진이 아래에 있어. 어때?

'믿음' '사랑' '기쁨' 이런 내용들이었기 때문에 별로 거부감 없겠지? 사이즈도 브랜드 카페 매장에서 사용하는 것과 비슷하고. 찾아오시는 분들이 컵을 보고 예쁘다고 하시더라구. 어디에서 샀는지도 물어보시고. 나는 기독교 서점에 가서 구입했는데 인터넷으로도 구입할 수 있다는 사실. 그것도 훨씬 더 저렴한 가격에 말이야.

정리해볼게

일단 컵은 처음부터 너무 많이 구입하지 않는 것이 좋아. 10~15개 정도로 시작해도 충분해. 사이즈는 적당한 걸로, 그리고 디자인은 기독교 향기가 풍기면서도 동시에 불신자들이 거부감을 갖지 않는 것으로 하면 되겠지. 구입은 인터넷을 통해서 하면 되고.

책 구입은 어떻게?

이번엔 책 구입에 대해서 얘기해볼게. 우리 카페 교회 탐방하러 오신 분들이 많이 하는 질문 가운데 하나가 바로 도서 구입에 관한 거야. 그런 궁금증을 가지고 있는 분들을 위해 어디에서, 얼마나, 어떤 종류의 책을 구입하는지 비법(?) 공개하겠어.

혹시라도 이 책을 읽는 분들 가운데 내가 알고 있는 것보다 더 좋은 방법을 알고 있는 분이 있다면 자기 방법대로 하면 되겠지? ^^

중고서적 말고 신간서적 기준으로 얘기할게. 여기저기 다 알아봤는데 결론은 인터넷 구입이 가장 저렴하더라고. '알라딘' '예스24' '인터파크' 같은 사이트에서 구입하는 게 가장 저렴하게 사는 방법이라는 거지. 웬만한 책은 10%정도 기본적으로 할인을 받아. 그리고 책을 많이 구입해서 등급이 올라가면 10% 할인 외에 10%정도 포인트 적립을 받을 수 있어. 그러면 그냥 서점에 가서 신간을 구입하는 것보다 최고

20%정도 할인혜택을 받는 셈이거든. 이 정도면 상당히 매리트가 있는 거야. 그래서 난 '인터파크'를 택했어. 1만 원 이상이면 배송비도 무료 거든. 내 등급이 뭔지 궁금하지 않아? 매달 20~30권씩 책을 구입했더니 이젠 등급이 '다이아몬드'야.

더 올라 갈 데가 없는 최상위 등급이지. 나처럼 등급이 올라가면 적립율도 높아지니 참고하셔.

신간 서적은 인터넷 서점에서 구입하는 것이 가장 저렴하다는 거 알겠지? 그러면 신간은 신간이고. 중고서적은 어떻게 구입하는 게 좋을까? 몇 가지 방법이 있어. 첫째, 인터넷으로 구입하는 방법이야. 위에서 언급한 사이트에서는 신간 서적만 판매하는 것은 아니야. 상태 좋은 중고 서적도 구입이 가능해. 중고 도서를 클릭하면 상당히 저렴한 가격에 구입 가능하지. 고전 같은 건 꼭 신간으로 살 필요 없잖아? 둘째, '개똥이네'라는 중고책 판매 전문 사이트가 있어. 여기에서는 상당히 많은 분량의 중고 도서를 취급해. 잘만 고르면 새 책 같은 중고 책을 저렴한 가격에 살 수 있다는 사실, 알아두기 바래.

그러면 이번엔 북카페 어린왕자에서는 책 구입비용으로 한 달에 얼마나 지출하는지에 대해서 공개(?)해볼까.

한 달 평균 30만 원 정도를 책 구입 비용으로 사용하고 있어. 이건 평균치니까 매달마다 약간씩 플러스, 마이너스가 있겠지? 내가 그렇

다는 거고. 각자 재정에 맞게 구입하면 되겠지. 재정이 넉넉하다면 많이 구입하고 그렇지 않다면 조금만 사면 되는 일이야. 그러면 책 구입하는 돈은 어디서 나냐고? 물론 선교 헌금 받는 것 중에서 책을 구입하지.

구입하는 책의 종류는 다양해. 왜냐하면 북카페에 와서 책을 읽는 층이 다양하니까. 먼저 여성잡지는 매달 종류를 바꿔서 1권씩 구입해. 일산에 있을 때에는 잡지를 대여하는 서비스가 있었어. 한 달에 만 얼마씩 내면 잡지 3권을 대여해 주는 거지. 물론 신간으로. 그 기억이 나서 부산에도 그런 서비스를 하는 업체가 있는지 백방으로 알아봤어. 그런데 아무리 찾아도 못 찾겠더라구. 없는 게 아닌가 싶어서 결국 대여는 포기하고 대신 여성 잡지를 매 달 한 권씩만 구입하고 있어.

그 다음엔 어린이 만화야. '수학도둑' '메이플스토리' '만화 천자문' 같은 거지. 우리 북카페에는 어린아이들도 많이 오는 편이야. 방문 고객 중 4분의 1정도 되는 것 같아. 초등학생만 되어도 아이들은 동화책엔 별로 관심이 없는데 만화책은 정말 재미있어 하더라구. 독서를 별로 좋아하지 않는 아이가 '수학도둑' 같은 책을 한번 잡으면 2시간 동안 집중해서 읽는 모습을 보고 깜짝 놀랐어. 얼마나 재미있으면 저럴까 싶기도 하면서 한편으로는 말이 교육만화인 거지 뭐 이거 본다고 해서 수학성적이 올라가지도 않을 텐데 싶기도 하구.

어쨌든 이런 시리즈만화는 가격도 비싸. 권당 8,000~9,000원 정도 하니까. 한동안은 신간으로 구입했었는데 생각해보니 이건 잡지가 아니라 만화이기 때문에 반드시 신간으로 구입할 필요가 없겠더라구. 한 달 정도 늦게 구입해도 전혀 지장이 없다는 말이지. 그래서 한 달 늦게 구입하기 시작했어. 한 달 늦게 구입하면 어떤 장점이 있냐고? 아주 큰 장점이 있지. 중고로 저렴하게 살 수 있으니까. 인터넷 중고서점을 검색하면 이런 만화책은 한 달만 지나도 40~50% 정도 가격이 떨어져. 완전 땡큐지!

구입하는 책의 장르는 아주 다양해. 골고루 구입한다고 보면 맞을 거야. 소설, 신앙 서적, 경영, 교육, 문학, 자기 계발, 리더십 등이야. 남녀노소가 볼 수 있고 안믿는 사람도 거부감 없이 펼칠 수 있는 베스트셀러 위주로 구입해. 적어도 일주일에 한 번씩은 ○○문고에 가서 어떤 책들이 새로 나왔는지 꼼꼼하게 살펴보고 있어. 둘러보고 적당하다 싶으면 메모하고 구입은 인터넷으로 하지. ○○문고 측에는 조금

미안하기도 하지만 어쩌겠어.

　대신 아주 가끔씩 책이나 다른 비품들을 구입하는 애교(?)를 보여주고 있지. 어쨌든 이렇게 매달 신간서적을 삼십 권 이상 구입한 덕분에 우리 북카페 책장엔 읽을 만한 신간이 꽤 있어. 그게 내가 원래 생각하던 컨셉인 거지. 오래된 책, 다른 책장에서도 쉽게 볼 수 있는 그런 평범한 책이 아니라 읽을 만한 신간서적이 풍성한 책장 말이야.

　그러면 책은 어떻게 이용하느냐구? 커피마시면 무료로 볼 수 있어. 대여는 잘 안 해줘. 잘 안한다는 말은 기본적으론 안 하는데 단골이나 상가에 있는 사람들이 빌려달라고 하면 빌려주기도 한다는 말이지. 물론 나중에는 여건이 되면 도서관처럼 책을 대출하려고도 생각중이야. 왜 지금 안 하냐구? 안 하는 게 아니라 못한다는 말이 더 정확한 표현이야.

　왜냐하면 돈도 부족하고 인력도 모자라거든. 책을 대출해 주는 문제는 단순하지 않아. 바코드도 다 붙여야 하고, 스캐너도 있어야 하며, 관리 프로그램도 구입해야 하는데 비용이 만만치 않거든. 또 대출을 전담할 사람도 있어야 하고. 그래서 난 북카페를 운영하는 거니까 당장은 빌려주는데 그렇게 신경 안 쓰려고. 그리고 커피 마시러와서 책 읽는 사람들은 그리 많지 않아. 열에 두 명 정도 책을 읽는 것 같아. 그런 사람들을 위해서 또 나를 위해서 매 달 책을 구입하고 있어.

정리해볼게

책은 온라인을 통해서 구입해. 한 달에 30만 원 정도. 잡지, 교육만화, 소설, 신앙서적 등 다양한 장르로 구입하되 매 달 시리즈로 나오는 만화 같은 경우는 중고구입도 하는 것이 좋다는 거. 기본적으로 대여는 안하지만 단골이 원하면 빌려주기도 한다는 사실, 기억하셔!

커피 만드는 방법은 어디에서 배워야 할까?

커피 만드는 방법은 어디에서 배우면 좋을까? 커피는 메뉴가 많고 '머신'이라는 기계를 다뤄야 하기 때문에 전문가에게 배우지 않고 혼자 습득하기는 힘들어. 그렇기 때문에 나를 찾아와서 상담하는 분들 가운데 빼놓지 않고 질문하는 것이 바로 커피 만드는 건 어디에서 배워야 하느냐는 거야. 또 기간이나 비용은 대략 얼마나 드는지도 궁금해 하시더라구. 당연히 궁금하지. 나도 처음에 어디에 가서 어떻게 배워야 하는지를 몰라서 우왕좌왕했으니까.

결론부터 말하자면 최고의 단 하나의 방법은 없어. 커피를 만드는 것을 배우는 방법은 여러 가지가 있기 때문에 자기 상황에서 가장 적합한 것을 택하는 게 최선이라고 생각해.

첫 번째 방법은 학원에서 배우는 거야.

커피 만드는 방법을 가르쳐주는 학원을 바리스타 학원 또는 바리스타 아카데미라고도 해. 학원에 등록을 하고 강사에게 직접 배우는 것이 커피 만드는 방법을 가장 빠르고 잘 알 수 있는 방법이야. 그러면 비용과 수강 기간은 어떻게 될까? 학원마다 천차만별이기 때문에 '수강 기간은 어떻고 비용은 어떻다' 라고 정확하게 말해줄 수는 없어. 대신 대략적인 가이드라인을 알려 줄게.

학원마다 약간씩 차이가 있기는 하지만 수강 기간은 최소 1개월에서 최대 3개월 정도야. 이정도 기간이면 기본 과정은 다 배울 수가 있어. 기본과정만 배우고 싶다면 1개월이면 충분하다고 봐. 3개월 이상 과정은 로스팅이나 라떼아트가 포함되어 있는 경우가 많기 때문에 배우면 좋지만 안 배워도 그만이야. 왜냐하면 카페를 운영하면서 로스팅 할 일은 거의 없고 라떼아트도 안해준다고 사람들이 뭐라 안 하거든. 브랜드 카페에 가서 살펴보셔. 카페라떼 주문하면 라떼아트로 멋있게 꾸며서 주는가. 그냥 대충 만들어서 주지.

그럼 비용은? 비용은 단기간일수록 비싼데 1개월에 40~70만 원 정도야. 정말 유명한 학원은 1개월에 몇백만 원 한다는 말도 들은 적은 있어. 하지만 전문 바리스타로 나갈 게 아니라 카페 교회나 작은 규모의 카페를 운영하려는 목적이라면 그렇게까지 비싼 돈 주고 배울 필요는 없어. 어떤 학원은 3개월에 90만 원을 내는 곳도 있으니까 자기에게 맞는 수준의 학원을 찾아 등록하고 수업을 들으면 되겠지.

학원에 가서 배우는 것의 장점은 정확하게 배울 수 있다는 거야. 기계를 다루는 방법과 스팀 사용하는 방법처럼 기본적이면서 세밀한 코치가 필요한 것들을 숙련된 강사를 통해 배울 수 있으니 좋지. 단점은 비용이 많이 든다는 거야. 내가 제시하는 세 가지 방법 중에 비용이 제일 많이 드니까.

두 번째 방법은, 에스프레소 머신이나 원두를 판매하는 큰 업체에 가서 배우는 거야.

최근 몇 년 사이에 에스프레소 머신과 원두를 판매하는 업체들이 우후죽순처럼 늘어나고 있어. 그런데 그런 업체들은 커피에 관련된 물품들을 다 취급해. 브랜드 커피 회사에 가서 배우라고 하니까 아무데나 가면 가르쳐주는 게 아닐까 하는 사람들도 있을 거야. 그건 아니고. 커피 만드는 방법을 무료로 배울 수 있기는 한데 진정한 의미에서 무료는 아니야. 무슨 말인가 하면 카페를 오픈할 때 에스프레소 머신을 구입해야 할 거 아냐? 그러면 에스프레소 머신을 파는 업체에서 원두까지 계속 사용한다는 조건으로 한 명 또는 두 명에게 무료로 수강할 수 있는 기회를 줘. 그러니까 머신과 원두를 파는 회사에 가서 배우는 것은 조건있는 무료라고 생각하면 맞겠지. 거기서 머신과 원두를 구입한다는 전제 조건 하에 배울 수 있는 거니까.

이 방법에 장단점은 뭘까? 당연히 커피 만드는 방법을 배우는데 학원에서처럼 수강료 명목의 비용이 발생하지 않는다는 게 장점이지. 그럼 단점은? 단점은 에스프레소 머신이든 원두든 구입해야 한다는 조건이 단점인 거구. 또 하나 말하자면 이런 업체에서 가르쳐주는 건 바리스타 학원에서 가르쳐주는 수준보다는 못하다는 것도 단점이라면 단점이지. 학원처럼 전문 강사가 아니라 커피 회사 직원이 가르쳐주는 경우가 많거든.

끝으로 세 번째 방법은 커피 재료상 사장님한테 배우는 거야.

그런데 이 방법은 좀 불확실해. 그렇기 때문에 별로 추천하고 싶지는 않아. 실은 내가 이렇게 커피 만드는 방법을 배웠거든. 에스프레소 머신을 중고로 구입하고 커피 재료상은 따로 소개 받았어. 이 업체는 에스프레소 머신은 취급하지 않고 커피 재료만 전문으로 취급하는 업체였거든. 그런데 사장님께서 재료를 공급받으면 커피 만드는 방법을 가르쳐주겠다고 하더라구. 물론 재료비는 내가 내야하지만 강습비는 없는 거지.

매일 두 시간씩 일주일 정도만 배우면 충분하다는 거야. 이게 왠 떡인가 싶었어. 배워야 하는 기간도 짧은데다가 강습비용도 안 내는거잖아. 그래서 감사하다고 하고 배우기 시작했어. 자! 어떻게 됐을까? 결론부터 말하면 조금 부실해. 가르쳐주는 사람도, 배우는 사람도 대가를 받거나 지불하지 않으니 대충대충 하게 되는 거지. 대충 배웠더니

카페를 오픈하고 한동안은 맛없는 커피가 만들어지더라구. 이 방법의 장단점을 말해볼까? 장점은 무료라는거야. 고가의 에스프레소 머신을 구입하지 않아도 가르쳐주니 무료인 셈이지. 커피 재료야 비싼 것도 아니고 어차피 꾸준히 구입해야 하는 거니까.

그럼 단점은 뭘까? 내가 거래하려고 하는 커피 재료상 사장님이 나에게 무료로 커피 만드는 방법을 가르쳐 줄 거라는 보장이 없어. 왜? 그건 그 사장 마음대로니까. 또 하나의 단점은 위에도 언급했듯이 상호간에 돈 거래가 없으니 가르쳐주는 사람도 대충 가르쳐주고 배우는 사람도 대충 배우게 된다는 거야.

정리해볼게

커피 만드는 방법은 세 가지가 있어. 첫째, 학원에 가서 배우는 것 둘째, 에스프레소 머신과 커피 재료를 파는 큰 업체에 가서 배우는 것 셋째, 커피 재료상 사장님에게 배우는 방법이야. 내가 추천하고 싶은 방법은 첫째 방법이야. 한 2년 전까지만 하더라도 바리스타 학원 수강료가 상당히 비쌌어. 최저 가격이 60만 원 정도였으니까. 그런데 얘기 들어보니 지금은 30~40만 원 정도면 배울 수 있대. 이 정도 비용이라면 투자할 만한 거야. 왜냐하면 카페를 오픈했는데 커피 맛이 없으면 그 다음엔 사람들이 안 오거든. 그러니 카페를 오픈하기 전에 어느 정 잘 배워 놓는 건 필요해.

커피의 본능은 유혹,
진한 향기는 와인보다 달콤하고
부드러운 맛은 키스보다 황홀하다.
커피는 악마와 같이 검고 지옥과 같이 뜨겁고
천사와 같이 순수하고 키스처럼 달콤하다.

- 탈레랑(프랑스 정치가/외교관) -

할까? 말까? 사업자등록

　오늘은 카페 교회를 운영하는데 있어서 상당히 중요한 부분 중 하나인 '사업자등록'에 관한 부분이야. 이것이 왜 중요할까? 그냥 중요한 정도가 아니라 상당히 중요한 거야. 왜냐하면 사업자등록을 했느냐 하지 않았느냐에 따라 카페를 계속 운영할 수도 있고 반대로 정성들여 만들어놓은 카페의 문을 닫을 수도 있는 문제거든.

　실제로 부산에 있는 모 대형교회 카페가 얼마 전 문을 닫았다는 말을 들었어. 물론 폐쇄는 아니라 잠정 휴업이었겠지만. 그 교회 카페는 나도 가본 적이 있어. 대형교회기 때문에 카페를 찾는 교인들도 많았고 규모도 제법 컸었는데 말이야. 그런데 문을 닫은 거지. 그 이유가 뭔지 알아? 바로 사업자등록 때문이었어.
　그 대형교회는 교회 안에 카페를 만들고 사업자등록을 하지 않았어. 법적으로 사업자등록을 하지 않고 상거래 행위를 하는 것은 불법이야.

불법이기 때문에 몇 배의 벌금을 물거나 영업정지를 당하게 되는데 마침 어떤 사람이 그 교회가 사업자등록을 하지 않고 카페를 운영한다는 사실을 알았어. 구청에 신고했고 사실로 확인되자 영업정지를 당한 거지. 아마 벌금도 부과되지 않았을까?

교회는 '법' 보다 '은혜' 가 더 강조되는 공동체야. 그래서 '신고' 나 '등록' 처럼 법적인 부분에 대해서 '무지' 하기도 하고 일부러 '무시' 하기도 하지. 요즘들어 교회안에 카페를 만드는 일이 마치 유행(?)처럼 확산되고 있는데 대부분 사업자등록을 안 하고 그냥 커피를 팔고 있는 것 같아. 거기에는 몇 가지 이유가 있어.

첫째, '사업자등록을 꼭 해야 하느냐?' 하는 생각이 강한 거지.
교회가 운영하는 거고 사람도 많이 안 오기 때문에 '사업자등록' 같은 건 안 해도 될 것처럼 생각하는 거야. 이게 문제야. 커피를 많이 파느냐 적게 파느냐가 중요한 게 아니라 단 돈 100원을 주고 받더라도 거래가 이루어지면 반드시 '사업자등록' 이라는 법적인 테두리 안에서 이루어져야 한다는 게 중요한 거거든. 그렇기 때문에 누군가로부터 고발당하지 않으면야 마음대로 운영할 수 있겠지만 고발당하면 벌금이 부과되거나 영업이 정지되는 거지. 위에서 얘기했던 부산의 대형교회 카페뿐만 아니라 여러 교회에서 운영하는 카페가 주변의 신고로 정지됐다는 말을 들었어.

둘째, '사업자등록을 하면 세금을 많이 내지 않을까?' 하는 생각 때문이야.

이런 생각은 맞기도 하고 틀리기도 해. 왜 그럴까? 세금을 내는 건 사실이지만 많이 내는 건 아니거든. 일단 사업자등록을 하게 되면 자유롭게 상거래를 할 수 있는 자격이 주어지는 대신 반드시 세금을 내야해. 안 믿는 사람들도 사업자등록을 하고 영업하는데 교회가 세금 때문에 사업자등록을 기피한다면 말이 되겠어? 그리고 사업자등록을 하면 세금을 많이 떼일까봐 미리 겁을 먹는데 그런 걱정 미리 할 필요도 없어.

사업자등록은 일반 사업자와 간이 사업자로 나뉘는데 일반 사업자는 매출의 10%를 떼지만 간이 사업자는 3%정도만 떼면 돼. 매출이 많은 곳에서는 세금을 많이 떼지만 매출이 적은 곳에서는 세금도 적게 뗀다는 얘기지. 대부분 교회 카페는 외부인들보다는 교인들이, 그것도 주말에 중점적으로 이용하기 때문에 매출이 적어. 매출이 적으면 내야 할 세금도 적기 때문에 미리 겁먹을 필요가 없다는 말이야. 따라서 세금을 많이 낼 것 같아 사업자 등록을 미룬다면 걱정하지 말고 어서 하는 게 좋아.

그러면 교회에서 운영하는 카페라도 반드시 사업자등록을 해야 한다는 것을 알았는데 어떤 절차를 밟아야 하는지 그 방법이 궁금하지?

당연히 그것도 알려줘야지. 카페 혹은 북카페는 업종이 '휴게음식점'이야. 식당처럼 한 끼 식사가 충분히 될 만한 식사류를 직접 만들어 팔지는 않기 때문이지. 따라서 사업자등록을 하려면 먼저 '휴게 음식업 중앙회'에 등록을 해야 해. 인터넷 검색해보면 지역별로 지부 연락처가 다 나와. 나는 부산에 있으니까 당연히 휴게음식업중앙회 부산지부에 전화를 했겠지? 전화를 하면 친절하게 절차를 안내해 줄 거야.

사업자등록을 하기 위해서는 먼저 영업 신고증을 받아야 해. 영업 신고증을 받으려면 먼저 보건소에 가서 보건증을 받아야 하고. 보건증 받는 데는 1,500원 들고 검사도 두 가지 밖에 안하기 때문에 총 20분도 안걸려. 대신 검사를 하고 보건증을 받기까지는 대략 5~7일 정도가 소요되지. 보건증이 나오면 휴게음식업중앙회에 가입을 하는데 176,000원의 비용이 들어. 가입비와 위생교육비가 합쳐진 건지는 잘 모르겠어. 입금을 하면 교육 날짜를 알려줘.

이때 지역에 따라 약간씩 차이가 있는데 어떤 지역에서는 6시간 위생교육을 필해야만 영업 신고증을 주는 곳이 있고, 어떤 지역은 6시간짜리 교육을 받겠다는 휴게음식업중앙회에서 발급해주는 서류를 첨부하면 영업 신고증을 주는 곳도 있어. 나는 후자에 속했지. 그래서 보건증과 신분증을 가지고 구청에 갔어. 교육을 받겠다는 서류는 휴게음식업중앙회에서 구청 담당부서로 바로 팩스로 보내주기로 했고.

그러면 구청의 어느 부서로 가야 할까? '환경위생과' 로 가야해. 거기에 가서 서류를 주고 영업 신고증을 받으러 왔다고 하면 서류를 하나 작성하라고 할 거야. 이때 알아야 할 건 카페로 사용하려는 공간이 몇 평인지야. 30평 이상이면 별도로 내부에 소방시설을 해야지만 영업허가증을 받을 수 있어. 소화기 한두 개 가져다 놓은 것 말고 제대로 된 소방시설 말이야. 하지만 30평 미만이면 그런 별도의 소방 시설 없이 영업 허가증을 받을 수 있지. 여기서 평수는 임대차계약서에 명시된 게 아니라 실 평수를 의미해. 우리 북카페가 상가평수로 48평인데 공유면적이 많이 빠지기 때문에 실 평수는 절반인 24평이거든. 그래서 별도의 소방시설은 하지 않아도 됐지.

그 다음엔 청소과로 가서 정화조 확인서를 받아 오라하더라구. 갔더니 상가 내에 있는 가게 전체의 명칭과 영업형태, 수도 사용량을 알아야 한다는 거야. 완전히 당황했지. 일개 세입자인 내가 7층 건물에 70개 이상 점포의 상황에 대해 어찌 알 수 있겠어? 관리사무소 직원도 아닌데 … 어쨌든 난색을 표하는 나의 모습을 보고 구청 직원이 수고해서 잘 처리해주더구만. 일단 거기까지 오케이가 되면 필증이니 수수료니 해서 4만원 조금 넘게 들어. 그거 내고 오면 영업 신고증을 받게 되지.

영업 신고증을 받고나서 지역 관할 세무서로 가야해. 가서 민원 봉사과인가? 기억이 가물가물하네. 가지고 갈 것은 신분증, 영업 신고증, 임대차계약서 세 가지야. 가면 사업자등록증 내기 위한 서류가 있어. 그 서류를 작성하고 제출하면 잠시 후에 기다리고 기다렸던 사업자등록증이 나오지.

자! 대충 어떤 과정으로 통해 사업자등록을 하는지 알겠지? 카페를 운영하면서 사업자등록을 안 해도 되는 방법이 있기는 하다는데 정확한 건지는 몰라. 들은 대로 말해 줄게. 커피의 가격을 없애면 돼. 무슨 말이냐고? 커피를 주문하면 마신 사람이 기부금 형식으로 내는 거지. 실제로 어떤 교회 카페는 카운터 앞에 상자 하나를 마련해놓고 '1,000원 이상 마음껏 내시면 됩니다' 라고 적어 놨더라구. 이건 상거래가 아니고 기부이기 때문에 법적인 문제가 없다지 아마? 그런데 말이야. 사람들은 이런 식으로 커피 마시는거 안 좋아해. 정당한 대가를 지불하지 않으면 신뢰가 안가는 거지. 무조건 싸거나 공짜라고 좋아하는 시대는 지났거든. 특히 젊은 사람들은. 그러니까 처음부터 어설프게 하지말고 제대로 만드는 것이 중요해.

카페라떼와 카푸치노의 차이점은?

카페에 와서 커피를 주문하는 분들 가운데 '카페라떼'와 '카푸치노'의 차이점을 잘 모르시는 분들이 더러 계시더라구. 실은 나도 처음에 커피를 배우면서 '카페라떼'와 '카푸치노'가 이름도 비슷한데 만드는 방법까지 비슷해서 한동안 헷갈렸던 경험이 있어. 그래서 오늘은 카페라떼와 카푸치노의 차이점과 만드는 방법에 대해서 알려줄까 해. 일단 정의에 대해서 알아볼까? 네이버 백과사전에서는 '카페라떼'를 이렇게 정의하고 있어.

"라떼(latte)는 이탈리아 어로 우유를 뜻하며 에스프레소에 따뜻한 우유를 1:2 또는 1:3 정도의 비율로 섞는 커피이다. 우유가 들어 있어 맛이 부드러워서 프랑스에서는 주로 아침에 마신다. 또한 이탈리아에서도 카페띠에라(Caffettiera), 모카 팟(Mocha Pot)라는 도구를 이용해 진한 커피에 데운 우유를 듬뿍 넣어 아침 대용으로 마신다.

풍부한 거품이 특징인 카푸치노(Cappuccino)에 비해 거품이 거의 없거나 아주 적다.
에스파냐에서는 카페콘레체(cafe con leche), 프랑스에서는 카페오레(caffe au lait)라고 부른다. 기호에 따라 시럽을 첨가하여 마시기도 한다."

주~욱 읽어보니 대략적으로 알 것 같지? 맞아. 생각한 대로야. 카페라떼는 머신으로 갓 추출한 에스프레소에 스팀으로 따뜻하게 데운 우유를 넣은 커피야. 카푸치노와 가장 큰 차이점은 바로 넣는 '우유의 양'과 '거품'의 차이야. 카페라떼는 거품이 적고, 카푸치노는 상대적으로 거품이 많아. 그런데 어떤 카페에서 커피를 시킬 때 카페라떼와 카푸치노 거품의 차이가 거의 없는 경우가 있어. 그건 '라떼'와 '치노'의 차이를 모른다는 거지. 뭐 마시는 사람들도 별로 신경 쓰지 않기는 하지만.

카페라떼는 우유가 들어가기 때문에 에스프레소나 아메리카노처럼 쓴맛이 덜해. 그래서 커피에 익숙하지 않은 사람이라 해도 그냥 마시는데 큰 부담은 없어. 하지만 우리나라 사람들의 대부분은 '믹스커피' 맛에 길들여져 있기 때문에 커피는 달아야 한다는 통념이 있는 것 같아. 그래서 그런 달콤한 '다방식' 커피 맛을 원하는 사람들은 카페라떼에 설탕 시럽을 넣어 달라고 하지.

우리나라 사람들이 가장 선호하는 커피 종류가 바로 '카페라떼'라

는 말이 있어. 왜 일까? 위에서도 언급한 것처럼 어렸을적 마시던 삼각형 비닐에 들어있던 '커피우유'나 사무실에서 쉬는 시간에 종이컵에 타서 마시는 '믹스'나 지금은 보기 힘들지만 '다방'에 가면 작은 잔에 진하게 타주는 '다방커피'와 맛이 비슷해서일 거야.

이번엔 카푸치노에 대해서 얘기해볼까? 먼저 백과사전에 나와있는 정의를 살펴보자구. "카푸치노는 우유를 섞은 커피에 계핏가루를 뿌린 이탈리아식 커피를 말한다. 카푸치노는 오스트리아 합스부르크 왕가에서 처음 만들어 마시기 시작하여 세계 2차대전이 끝난 후 에스프레소 머신의 발달과 더불어 전세계로 퍼져나가기 시작하였다. 처음 카푸치노를 만들어 마실 때에는 계핏가루나 초콜릿 가루를 뿌려먹지 않았으나 현재는 카푸치노 위에 기호에 따라 계핏가루나 초콜릿 가루를 뿌려 마시거나 레몬이나 오렌지의 껍질을 갈아서 얹기도 한다. 카푸치노라는 명칭은 이탈리아 프란체스코회에 카푸친 수도회 수도사들에 의해 유래되었다. 카푸친 수도회의 수사들은 청빈의 상징으로 모자가 달린 원피스 모양의 옷을 입는데, 진한 갈색의 거품 위에 우유거품을 얹은 모습이 카푸친 수도회 수도사들이 머리를 감추기 위해 쓴 모자와 닮았다고 하여 카푸치노라는 이름이 붙여졌다는 설이 있고, 카푸친 수도회 수도사들이 입던 옷의 색깔과 비슷하다고 하여 붙여졌다는 설도 있다. 카푸치노는 독일어로 카푸치너(kapuziner)라고 하며, 토스카나 지방에서는 갑푸쵸(cappuccio)라고 한다."

카푸치노도 기본적으로는 머신으로 추출한 에스프레소 원액에 스팀으로 따뜻하게 데운 우유를 넣은 커피야. 그런데 '카페라떼'와 다른 점은 두 가지거든. 첫째는 라떼보다 거품 양이 훨씬 풍부하게 만들어야 해. 그래서 카푸치노를 마시면 입 주위에 거품이 묻어날 정도는 되어야 한다는 거지. 둘째는 '시나몬가루'가 들어간다는 거야. 시나몬가루는 쉽게 말해서 계핏가루야. 잔에 에스프레소를 붓고 그 위에 시나몬가루를 적당량 뿌려. 그리고나서 스팀으로 만든 풍부한 거품의 우유를 천천히 넣으면 맛있는 '카푸치노'가 되는거지.

정리해볼게

카페라떼와 카푸치노의 공통점은 에스프레소 원액에 스팀으로 거품을 만든 우유를 부은 커피야. 차이점은 카푸치노는 카페라떼에 비해 우유 거품의 양이 많고 시나몬가루(계핏가루)를 넣는다는 거 기억하길 바래~ ^^

커피의 어원(카와, qahwa설)

커피의 어원은 아랍어로 '술' 이라는 뜻의 '카와' (qahwa)에서 유래했다. 이슬람 신자들은 술을 마실 수 없었기 때문에 술 대신에 커피를 마시며 이 커피를 '이슬람의 와인' 이라고 불렀다. 이 말이 유럽으로 건너가 프랑스에선 Cafe, 이태리에선 Caffe, 독일에선 Kaffee, 네덜란드에선 Koffie, 영국에선 Coffee로 불리게 되었다. 일본에서는 네덜란드의 영향으로 '코히' 라고 부르며, 러시아에서는 Kophe 그리고 체코에선 Kava, 베트남에서는 Caphe, 중국에서는 '카페이' 라고 부른다.

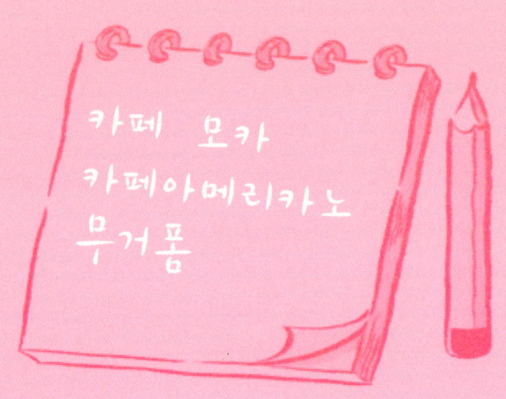

카페 모카(caffe espresso) 카페라테에 초콜릿을 더한 것이라고 이해하면 쉽다.

카페 아메리카노(americano) 에스프레소에 뜨거운 물을 부은 것. 미국에서 많이 마시는 커피와 비슷하다고 해서 붙은 이름이다.

무거품(no foam) 우유거품 때문에 하얀 콧수염이 생길까 신경쓰이는 분들을 위해 카푸치노 또는 카페라테 등에 우유만 더한다.

Part 3

카페교회, 세상과 소통하다

cafe
church
story

스스로 찾아오는 사람들

이 책의 부제가 - 불신자들이 스스로 찾아오는-이야. 이 책을 구입해서 읽고 있는 분들 가운데엔 이 부제 때문에 호기심을 느낀 분들이 절반 정도는 되지 않을까? 나머지 절반은 '카페 교회'라는 부분에 호기심을 느꼈을 것 같고 … .

이번에 얘기할 내용은 전도 하지도 않았는데 사람들은 왜 카페 교회에 찾아오는지, 찾아오면 얼마나 찾아 오는가에 대한 이야기야. 일단 하루 평균 방문 수에 대해서 말해 줄게. 30명 정도가 꾸준히 방문해. 적게 오는 날은 20여명이고 많이 오는 날은 40~50명 이상 방문해. 그러니까 가장 적게 와도 20명 정도는 방문하고 가장 많이 오면 50명 정도 방문하는 거지. 이건 우리 카페 교회가 그렇다는 것이고. 카페 교회가 어디 위치하느냐에 따라 찾아오는 사람들의 수는 더 적을 수도 있고 더 많을 수도 있겠지.

카페를 전문적으로 하는 사람들이 보면 방문하는 사람들이 너무 적어 웃을 수도 있을 거야. 장사가 잘 되는 카페는 하루에 200~300명씩도 방문할 테니까. 물론 그보다 더 많을 수도 있고. 그런데 나는 카페를 차린 것이 아니라 교회를 카페 형태로 개척한 거잖아. 그러니 개척 교회 입장에서 본다면 하루에 30명씩이라도 꾸준히 사람들이 와주는 게 반갑고 감사한 일이지.

가장 많이 방문하는 연령층은 30~40대 주부고, 그 다음엔 초등학생과 중학생이야. 상가 안에 있는 사무실 사람들이 커피를 마시기 위해 오기도 하고…. 이들의 종교적 성향은 정확하게 한 사람 한 사람 설문조사한 게 아니라서 확실하다는 말은 못하겠지만 그들이 나누는 대화나 분위기를 볼 때 그리스도인은 20%를 넘지 않아. 80% 정도는 불신자들이라고 볼 수 있지. 어른뿐만 아니라 아이들도 비슷해. 물론 비율로 볼 때는 어른들보다는 교회 다니는 아이들이 약간 더 많은 것 같아.

방문자 가운데에서 상가 내에 있는 사람들의 비중은 30% 정도 되고 상가에 일이 있어서 왔다가 카페를 방문하는 사람들의 비중은 70% 정도 돼. 그러니까 주부들 같은 경우는 아이를 상가 안에 있는 학원에 데려다 주러 왔다가 기다리는 시간 동안 카페를 이용하거나 학원 끝난 아이와 함께 커피나 토스트를 먹으러 오는 거지. 이따금은 학부모 모임을 카페에서 하기도 하고. 아이들도 마찬가지야. 학원에 공부하러 왔다가 중간에 간식 먹으러 카페를 방문하는 거지.

 실은 지금까지 카페를 적극적으로 홍보하지 않았어. 아파트가 3,000세대니까 상당히 큰 규모인데 전단지를 신문에 넣어 돌린다든가 게시판에 카페 홍보 안내물을 붙여본 적이 한번도 없다는 거지. '이런 식으로 홍보하면 오지 않을까?' 하는 생각보다 '그런다고 오겠냐?' 하는 생각이 더 컸기 때문에 안한 것 같아. 하지만 1년을 넘긴 이 시점에서는 여러 가지 방법을 동원해서 홍보를 해볼까 생각 중이야. 제대로 알려지면 방문하는 사람들이 많이 늘어날 것 같은데 말야.

그러면 이번엔 왜 이 사람들이 매일 수십 명씩 카페 교회를 찾아오느냐 하는 거야. 그 이유는 아주 간단해. '교회'가 아니라 '카페'인 줄로 알기 때문이야. 우리 카페 교회는 두 가지 이름이 있어. 교회 이름은 '참좋은교회'야. 그리고 카페 이름은 '북카페 어린왕자'이고. 이 두 가지 이름 중에서 표면적으로 드러내는 건 '북카페 어린왕자'거든. 사진으로 보면 알겠지만 작은 간판도 '북카페 어린왕자'이고 엘리베이터나 상가 입구에도 '북카페 어린왕자'라고 적혀 있어.

왜 이렇게 '북카페 어린왕자'라는 이름을 표면적으로 내세웠을까? 이곳이 '교회'라는 것을 대놓고 드러내지 않기 위해서지. 교회라는 사실을 드러내지 않는다니까 혹시 마음이 불편해지는 사람들이 있을지

도 몰라. 불편하더라도 어쩔 수 없어 '참좋은교회'에서 담임목사로 목회하는 건 이 책을 읽는 독자가 아니라 바로 나, 박동준 목사니까 말이야. 그렇다고 교회라는 사실을 100% 숨기는 건 아니거든.

정면 '북카페 어린왕자'라는 글자 위에 '기독교대한성결교회 참좋은교회'라고 표시해 놨어. 그리고 카페 안으로 들어오면 카운터 상단에도 '참좋은교회'라고 표시하고 맨 뒤에도 강대상 뒤의 배경으로 해놨으니까. 그러니까 카페 교회 안으로 들어오면 신경이 아주 무딘 사람이 아니라면 열에 아홉은 교회가 운영하는 카페라는 사실을 알 수 있지.

물어보는 사람들도 있어. '참좋은교회'가 어디 있는 거에요?' 하고. 그럼 내가 대답하지. "여기가 참좋은교회입니다. 평일에는 카페지만 주일에는 예배드리는 교회가 되구요. 제가 목사입니다." 이 말을 들으면 대부분 깜짝 놀라더라구. 놀라는 이유는 두 가지겠지. 카페가 교회가 된다는 말에 놀라고, 그 말을 하고 있는 상당히 젊어(?) 보이는 사람이 목사라니까 또 놀라고 ….

내가 위에 잠깐 언급한 것처럼 우리 카페 교회를 방문하는 사람들 가운데 70~80%는 불신자야. 그런데 그 사람들이 카페 안에 있는 '십자가'나 '참좋은교회'라는 글을 보고 '아! 이 카페는 교회에서 운영하는 곳이니 다음부터는 오지 말자'라고 생각하고 안 오는 사람은 많지

않다고 봐. 안으로 들어오기가 힘들어서 그렇지 발을 들여놓고 커피를 마시면 마음은 어느 정도 무장 해제가 되어 버리거든.

그래서 새로운 사람도 오고, 한번 왔던 사람들도 꾸준히 오는 거지. 이 부분이 아주 중요해. 내가 교회 안의 카페에 불신자들이 잘 오지 않는 이유에 대해서 말한 거 기억 나지? 아무리 카페를 예쁘게 인테리어 하고 비싼 머신을 갖다놓고 고급 원두를 사용한다 하더라도 그 카페가 '교회' 안에 있기 때문에 사람들이 잘 찾지 않는 거야. '교회'라는 건물과 간판이 불신자들의 진입 장벽이 되는 거니까.

내가 개척 모델로 삼았다는 일산에 있는 '북카페 라임'도 마찬가지야. 일반 상가 건물 2층에 자리 잡았고 모든 사람들이 쉽게 접근 할 수 있도록 교회 냄새(?)를 직접적으로 나게 하지 않았어. 겉으로는 교회에서 운영하는 카페인지 잘 몰라. 하지만 일단 안으로 들어가면 섬기는 사람들을 통해서, 데코나 인테리어를 통해서 '교회가 운영하는 카페' 라는 사실을 알게 돼. 일단 들어와서 친절한 서비스와 맛 좋고 저렴한 커피, 안락한 공간을 경험하면 자신이 불신자이고 들어와 앉아 있는 공간이 교회에서 운영하는 카페라는 사실을 알더라도 크게 거부감을 느끼지 않아.

정말 불신자들이 스스로 찾아오게 하고 싶다면 서비스, 맛좋은 커피, 가격을 저렴하게 하는 것도 중요하지만 보다 중요한 건 '교회' 이미지 대신 일반 '카페' 이미지를 많이 드러내야 한다는 거야.

그러면 이런 경우는 어떨까? 얼마 전에 어떤 목사님이 전화를 하셨어. 누구신가 했더니 내가 대구에서 카페 교회 사례 발표하는 것을 들으신 분이야. 현재 연세는 오십 대 중반이고 개척한 지는 1년이 넘었는데 새벽 기도나 수요 예배에는 타교회 교인 들이 대여섯 명 나오지만 주일 예배 나오는 본교회 등록 교인은 청년이 딱 한 명 있다고 하시더라구.

뭐 그건 그렇다 치고 그 목사님의 질문은 이거였어. '현재 상가 2층에 교회를 개척해서(40평 정도) 목회하고 있는데 전도가 안 되니까 당신처럼 카페 교회로 전환하고 싶은데 가능한가?' 어떨 것같아? 내 대답을 듣기 전에 1분만 곰곰이 생각해보셔. 자! 기존의 일반적인 형태로 개척 된 교회가 카페 교회로의 전환이 가능할까? 불가능할까? 현실적으로 어떤 선택이 탁월한 선택일까? 어떨 것 같아? 조금 어렵지? 가능할 것도 같고 불가능할 것도 같고 말이야. 잠깐이지만 생각하느라 수고가 많았어. 이젠 내 생각을 말해 줄테니 잘 들어봐.

일반 개척 교회에서 카페 교회로의 전환은 가능해. 왜 불가능하겠어? 하지만 난 그렇게 전환하라고 추천하고 싶지 않아. 그 이유에 대해서 말해 줄게.

첫째, 지역 주민들에게 이미 '교회' 라는 이미지가 박혀버렸기 때문

에 카페 교회로 전환한다 하더라도 사람들을 오게 하는데 어려움이 많지 않을까?

둘째, 일반 교회에서 카페 교회로 전환하려면 비용이 많이 들어. 기존의 시설들을 싹 다 바꿔야 하거든. 생각해봐. 강단과 장의자들을 다 치워야 해. 인테리어 시설도 마찬가지고. 그리고 나서 테이블, 싱크대, 카운터, 머신 등을 다 들여놓아야 하잖아. 돈이 두 배로 들겠지. 그럴 바에는 차라리 새로운 곳에다가 카페 교회를 다시 개척하는 것이 훨씬 낫다고 봐.

그 목사님께서는 부분적인 변경은 어떻겠냐고 물어 보시더라구. 무슨 말씀인지 여쭤봤더니 교회 뒷쪽을 정리하고 테이블 두어 개 놓고 깔끔하게 꾸민 다음 창문밖에 'ㅇㅇ교회'라고 붙인 글자를 '카페'로 바꾸면 되지 않겠냐는 말씀이셨어. 물론 그렇게 하면 기존에 교회에 오는 사람들이 보기엔 조금 더 편안한 공간이 될 수는 있겠지만 외부인들을 끌어오게 하는건 어렵지. 죽도 밥도 아닌 어정쩡한 포지션이 될게 분명하기에 내가 그렇게 안 하시는게 좋겠다고 말렸어. 차라리 기존 교회가 카페 교회로 전화하려면 지금의 교회가 위치한 곳과 다른 장소에서 인테리어를 새롭게 하면 어느 정도 가능성은 있다고 생각해. 실제로 용인에 기존 교회에서 카페 교회로 전환한 교회가 있으니까.

정리해볼게

카페 교회에 하루 평균 방문자는 평균 30명 정도야. 30~40대 주부가 가장 많고, 70% 이상은 불신자들이야. 불신자들이 카페 교회로 찾아오는 이유는 '교회'가 아니라 '카페'인줄 알기 때문이고. 일반 교회에서 카페 교회로의 전환은 가능하지만 많은 비용이 들고 '교회'로 이미지가 고정되어 버렸기 때문에 효과적이지 않아. 차라리 새로운 곳에 카페 교회로 다시 개척하는 것이 더 좋다고 생각해.

독특한 형식의 예배로

 오늘은 참좋은 교회만의 독특한 예배 형식에 대해서 얘기해 볼게.
 아무도 없이 아내와 단둘이서 개척을 시작했어. 그러니 한동안 예배도 둘이서 드려야 했지. 처음 한두 달 동안은 의욕이 불타올라서 강대상도 꺼내놓고 신디도 설치하고 캠코더로 설교를 촬영하기도 했지. 그런데 두 달 정도 지나니까 꺼내놨던 강대상, 신디, 캠코더 같은 것들을 다시 들여놓게 됐어.

 이렇게 된 이유가 무엇일까? 지쳐 버린거지 뭐. 예배드리는 사람이라곤 나와 아내밖에 없는데 이것저것 꺼내놓는 일이 무의미하게 느껴졌거든. 그래서 그냥 둘이 테이블에 앉아 예배를 드리게 됐어. 그렇게 한 6개월쯤 지나니 교우가 한 명, 두 명씩 생기기 시작했고 그때 어떤 예배의 형식을 가져야 할까 고민하기 시작했지. 내가 처음 시작할 때 했던 것처럼 다른 교회들이 보편적으로 하는 주일예배 형식으로 해야 할지, 아니면 교우들이 별로 없는 개척교회, 카페 교회답게 차별화된 새로운 형식으로 해야 할지를 말이야.

고심끝에 차별화가 필요하단 결론을 내리게 됐어. 대부분의 개척교회는 교인수와 상관없이 기존의 대형교회와 비슷한 예배형식을 갖고 있잖아. 그래서는 경쟁력도 없다는 생각이 들었어. 전통적인 예배를 드리고 싶은 사람이 왜 개척교회로 오겠어? 바로 옆에 큰 교회에 가면 회중들도 많고 성가대도 있고 세련된 설교를 하는 목사님도 있는데….

그런데 개척교회의 상황은 어때? 옆에 큰 교회와 예배 형식은 비슷한데 회중도 없고, 성가대도, 찬양팀도 없어. 열정적으로 설교하는 개척교회 목사 한 명 있을 뿐인 거지. 당신 같으면 어떤 교회로 가겠어? 당연히 개척교회 옆에 있는 큰 교회로 갈 거야. 목사인 나라도 그러겠어. 하지만 큰 교회에서 드리는 예배에 장점만 있는 건 아니야. 단점이라고 하긴 좀 그렇고 조금 부족한 부분이 있어.

그게 뭘까? '상호간의 소통이 없다'는 거야. 일방 통행이야. 무슨 말이냐면 일반 교회에서 전통적인 형식으로 예배드릴 때 회중들은 소극적 참여자가 될 수밖에 없다는 거지. 야구장에서 야구를 구경하는 관람객과 비슷해. 찬송가 한두 곡 부를 때를 제외하면 입으로 소리낼 기회가 없어. 교회에서 준비한 예배를 보거나 듣지. 찬양팀과 성가대의 찬양, 담당자의 대표기도, 담임목사의 설교 등등. 참여하는 회중의 한 사람인 교우는 일주일 동안 어떤 삶을 살았는지, 무엇을 가지고 고민

하거나 기뻐했는지, 어떤 기도제목이 있는지 얘기할 기회는 전혀 없어. 구역예배가 아닌 대 예배드릴 때는 그런 나눔을 상상조차 할 수 없어. 현실적으로 불가능한 일이기도 하고 ….

그러나 개척교회는 예배가운데 개개인의 삶을 나누는 일이 충분히 가능하다는 걸 알게 됐어. 대부분의 목사들이 그렇게 할 수 있는데 하지 않는 것 뿐이지. 교우가 한명이 있든 아니면 한명도 없이 사모와 아이들만 앉아있어도 전통적인 예배형식으로 드려야 한다는 생각이 머릿속에 박혀있는 거지. 그렇게 드리지 않는 예배는 예배가 아니라는 고정관념에 사로잡혀 있다고나 할까? 안 그런 사람들도 있겠지. 여하튼 나는 이런 고정관념에서 벗어나야 한다는 생각이 들었어. 왜냐하면 하나님이 받으시는 예배의 가장 중요한 세 가지 요소는 말씀+기도+찬양이고 이 세 가지가 있으면 하나님은 그 예배를 기뻐 받으신다고 믿기 때문이야.

초대교회를 생각해봐. 오늘날 우리가 드리고 있는 예배형식으로 드렸을 것 같아? 아니 그렇지 않았어. 가정에서 모인 가정교회였어. 식사교제를 통해 삶을 나누고, 편안한 가운데 말씀이 선포되고, 마음속에 있는 기도제목을 서로 나눈 다음 합심해서 간절히 기도했을 거야. 소그룹이었기에 쌍방간의 소통이 가능할 수 있었던 거지. 난 우리 교회에서 그렇게 소통이 있는 예배를 드려야겠다는 생각을 하게 됐어.

그래서 이렇게 바꿨어. 시간도 조금 달라. 처음 1년 동안은 주일 오전 11시에 드렸지만 2010년 10월부터는 오후 2시로 바꿨어. 예배는 일주일에 주일 2시에 딱 한 번 있어. 주일 오후 2시가 되면 티타임으로 시작해. 테이블에 둘러앉아 다과를 나누는 거야. 커피나 차를 마시고 간단하게 과자나 빵 같은 간식을 먹어. 그러면서 한 주간 어떤 삶을 살았는지 편안하게 나누지. 사람들은 앞에 먹을 게 있으면 마음문이 쉽게 열리는 존재잖아.

이렇게 나눔이 끝나면 함께 찬양을 해. 찬양을 두세 곡 정도 하고 나면 예배를 위한 합심기도를 드려. 그 다음엔 설교에 관련된 영상을 보고 한 사람씩 느낌을 나눠. 영상이 없으면 바로 설교에 들어가고. 설교도 일방적이 아니야. 내가 교인들에게 질문하기도 하고 교인들이 나에게 질문 하기도 해. 회중들이 능동적인 자세를 갖게 돼. 설교에 함께 동참하게 하지. 그러면 설교 듣다가 조는 사람은 한 명도 없어. 도저히 졸 수 없는 분위기가 되는 거야. 사람도 적지만 설교시간에 질문을 해버리는데 어찌 졸 수 있겠어?

설교를 마치면 담임목사인 나는 기도 노트를 꺼내서 한 사람씩 기도제목을 나누게 해. 물론 지난주 기도제목을 점검하면서 그 기도가 이루어졌는지, 이루어지지 않았다면 이유가 무엇인지도 묻지. 기도제목을 나눌 때도 뜬구름 잡는 것같은 기도 제목 내놓지 말고 이번 한 주

간에 이루어졌으면 좋겠다고 생각하는 것을 말하라고 해.

그래야 구체적인 기도를 할 수 있고 다음 주에 점검도 가능하니까. 기도제목을 나눌 때도 너무 서두르지 않아. 여유 있게 해. 기도제목을 다 나눴으면 옆에 있는 사람 손을 잡고 자기 왼쪽과 오른쪽에 있는 사람의 이름을 불러가면서 중보 기도해. 기도가 끝나갈 무렵엔 내가 일어나서 한 사람씩 머리에 손을 얹고 안수기도를 하지. 안수기도가 끝나면 축도로 예배를 마쳐. 예배를 마친다고 바로 집에 안 가더라구. 이런 저런 얘기도 하고 때로는 함께 저녁 먹으러 갈 때도 있어.

어때? 일반적인 교회에서 볼 수 없는 그런 예배 스타일이지? 물론 어떤 사람들은 이런 예배형식에 대해서 부정적으로 보기도 할 거야. 나 역시 이런 예배형식이 가장 좋다거나 완벽하다고 얘기하는 건 아니야. 북카페 교회이자 개척교회를 목회하는 나의 스타일에 꼭 맞는 예배라는 거지. 오해하지 말기를 바래. 사람들이 너무 많아 쌍방 간의 소통이 힘들어지기 전까지는 계속해서 이런 형식의 예배를 드릴 거야. 언젠가 그런 날이 오겠지?

커피는 사람을 재치있게 만든다.
- 샤를 드 세콩다 몽테스키(프랑스 사상가) -

방송사역과 결남결녀 모임이 시작되다

오늘은 '방송사역'과 '결남결녀' 사역에 대해서 얘기해볼게. 이 얘기를 꺼내는 이유는 개척을 했을 때 경험할 수 있는 일들이 무궁무진하다는 사실을 알려주고 싶기 때문이야. 결남결녀는 '결혼하고 싶은 남자, 결혼하고 싶은 여자'의 약자야. 내가 2010년 3월 S교회를 사임하고나서 한 달 뒤에 부산극동방송에서 전화가 왔어. 4월부터 매주 수요일 저녁에 〈올해 나도 결혼할 거야〉라는 코너를 신설했는데 같이 진행해볼 의사가 없느냐는 내용이었지.

뜬금없이 라디오방송 진행이라니?? 그런데 난 하겠다고 했어. 완전히 겁을 상실했지? 라디오 방송에 대한 경험은 한 번도 없었지만 이래 봬도 새로운 일에 도전하기를 즐기는 성격이거든. 어떻게 부산극동방송 담당피디가 내 연락처를 알았냐고? 나도 궁금했지. 알고 보니 정말 주님의 은혜로 연결된거더라구. 부산에 알고 있는 부목사가 딱 한 명 있었어. 현재 청바지(청소년들을 사랑하는 지역교사모임)디렉터이자 부전교회 중등부를 담당하고 있는 조생준 목사야. 내가 서울에서 '청소년 사역자 연합회' 활동을 할 때 각 지역 청소년 사역자들 모임을 가진 적이 있었는데 그때 알게 됐어. 그후로 별로 만난 적도 없었다가 부산 내려와서 연락했지. 그런데 담당피디인 차유미 피디가(부산극동방송의 실력과 믿음을 겸비한 훌륭한 인재야) 조생준 목사에게 〈올핸 나도 결혼할 거야〉라는 신설 코너에 적합한 (표준말을 사용하고 감각 있는) 목사를 혹시 알고 있느냐고 물어 본 거지. 그 질문을 듣는 순간 내가 생각나더래. 그래서 나를 추천했고 그런 과정을 거쳐 뜻하지 않게 방송사역을 시작하게 된 거야.

처음 만났는데 차 피디가 나를 스튜디오로 데려가더라구. 원고를 주고 읽어보게도 하고 원고 없이 자유롭게 대화하는 것을 테스트 해보더라구. 나는 그런 테스트가 있을지 전혀 몰라 준비를 안 해갔기 때문에 약간 긴장했지만 특별히 실수하지는 않았어. 읽고 말하는 거야 목사가 늘 하는 일이잖아. 잘하지도 않았지만 방송을 못할 정도로 못하지도 않은 것 같아.

그래서 2010년 4월부터 그 해 12월까지 부산 극동방송에서 〈올핸 나도 결혼할 거야〉라는 코너를 공동으로 진행하게 된 거지. 그것으로 끝인 줄 알았는데 다음날 전화가 또 왔어. 〈찬양플러스〉라는 음악 프로

그램이 있는데 진행해볼 생각이 없느냐는 거야. 무식하면 용감하다고 그것도 하겠다고 했지.

그래서 2010년 4월부터 2011년 4월까지 1년간 〈찬양플러스〉를 진행했고, 올 10월부터는 부산극동방송에서 매 주일 저녁 10~11시에 〈박동준의 희망 공감〉을 진행하고 있어.

〈올핸 나도 결혼할 거야〉라는 코너는 미혼 크리스천 남녀 한 명씩을 스튜디오로 불러서 소개도 시켜주고 방송 듣고 관심있는 사람들은 연결해주는 그런 프로그램이었어. 10월쯤에 차 피디가 나에게 제안을 하더라구. '방송을 통해서는 매주 1명밖에 소개해 줄 수 없기 때문에 한계가 있다. 그래서 청춘남녀가 함께 모여 강의도 듣고 교제도 할 수 있는 오프라인 모임이 있으면 좋을 것 같다' 는 거지. 실은 나도 그런 생각을 하고 있었는데 차 피디는 한술 더떠서 우리 교회가 카페 교회기 때문에 장소도 좋으니 거기서 모임을 하면 어떻겠냐는 거야.

내가 어떻게 반응했을까? 당연히 좋다고 했지. 그래서 초교파적으로 모이는 미혼 크리스천들의 모임이 시작됐어. 처음 이름은 방송코너 이름인 〈올핸 나도 결혼할 거야〉를 따서 '올결' 이라고 했다가 결혼하고 싶은 남자, 결혼하고 싶은 여자의 약자인 '결남결녀' 로 바꾸게 됐어.

2010년 10월부터 2011년 5월까지 매달 20여 명 가량의 크리스천 미혼 남녀들이 우리 '북카페 어린왕자'에서 모임을 갖기 시작했어. 토요일 저녁 6시부터 10시까지 모였지. 순서는 이래. 먼저 저녁을 먹어. 그리고 나서 결혼과 연애에 대해 성경적인 관점을 가질 수 있도록 내가 강의를 해. 돈이 없어서 외부 강사는 부를 엄두도 안나더라구.

덕분에 내가 준비하느라고 훈련을 아주 잘 받았지. 그 다음엔 소그룹으로 한 가지씩 주제를 가지고 대화하면서 상대방의 내면을 알아가는 시간을 갖고 끝으로 찬양과 기도회로 마쳤어.

아내와 둘이 이 사역을 이끌어가려니 힘들더라고. 그래서 올해 5월까지 하고 일단 쉬기로 했어. 다행스럽게도 모임 안에서 커플이 이루어지진 않았지만 모임에 열심히 나오던 형제 셋이 올해 장가를 가게 됐어. 이 형제들의 공통적인 간증은 이 모임을 통해서 하나님이 원하

시는 결혼과 연애에 대해 구체적으로 배우고 기도했더니 하나님께서 좋은 짝을 만나게 하셨다는 거야. 그 말을 들으니 어찌나 힘이 나던지.

이렇게 강사비도 받지 않고 미혼 청년들이 서로 만나고 배울 수 있도록 열심히 섬겼더니 하나님이 기뻐하셨나봐. 밖으로 나가서 강의 할 수 있는 기회를 주셨으니까.

얼마 전부터 부산에 있는 교회 청년부 중심으로 강의해 달라는 의뢰가 들어오더라구. 그리고 최근엔 부산에서 제일 규모가 큰 S교회 데이트학교에서 강의를 하기도 했고.

만약에 내가 개척을 하지 않았으면 어떻게 됐을까? 부교역자였다면 말이야. 당연히 방송사역과 미혼 크리스천들 모임에 대한 제안이 들어왔더라도 할 수 없었을 거야. 그런데 개척을 하고 담임교역자가 되었기 때문에 이런 제안을 수락할 수 있었고 일반 교역자들이 쉽게 할 수 없는 일들을 하면서 특별한 경험들을 할 수 있었지. 개척엔 어려움이 따르는 건 사실이야. 반면에 개척을 해야만 경험할 수 있는 멋진 일들도 많아. 나는 그 말이 하고 싶은 거지.

커피와 함께 생활의 지혜

담배냄새 없애기

집안에 담배를 피우는 사람이 있거나 환기가 잘 되지 않아서 곳곳에 배어 있는 냄새 때문에 골치 아파 본 적이 있을 것이다. 공기청정제나 탈취제를 사용해도 되지만 커피 원두 찌꺼기를 사용해 은은한 향기로 바꾸어 보자. 원두커피를 마시고 난 후 여과지에 남은 커피찌꺼기를 말려 방안 구석 곳곳에 뿌린 다음 얼마 후 청소기로 빨아들이면 커피 향이 은은하게 남는다. 이런 방법이 번거롭다면 커피찌꺼기를 재떨이 안에 넣어두면 커피향에 묻혀 담배냄새가 나지 않게 된다. 거즈나 망사로 커피원두 주머니를 만들어 바구니에 담아 현관이나 화장실에 놓으면 집안 곳곳에서 커피향이 은은하게 풍기고 인테리어 효과까지 낼 수 있다.

사람들을 모으는 문화사역

카페 교회로 불신자들을 찾아오게 할 수 있는 방법들은 무엇이 있을까? 일반 교회라면 어렵거나 불가능한 전도 방법이지만 카페 교회기 때문에 가능한 경우가 상당히 많아. 불신자들을 카페 교회로 오게 만드는 방법은 무궁무진하다고 나는 믿어. 하지만 나는 내가 시도했거나 앞으로 시도하기 위해서 준비하고 있는 전도 방법들을 몇 가지만 소개할 생각이야. 시작해볼까?

첫째는 바로 발표회(연주회, 공연)야.

'북카페 어린왕자'는 커피를 마시고 책을 볼 수 있는 공간인 동시에 소박하지만 작은 공연이 가능하도록 되어 있어. 피아노와 신디사이저가 있고, 스피커와 강대상도 준비되어 있거든. 그렇기 때문에 공연할 때에는 무대를 중심으로 의자와 테이블을 배치하면 제법 그럴 듯한(?) 소규모 공연장이 되는 거지.

작년과 올해에 연주회를 했어. 아내가 피아노 레슨할 때 가르쳤던 아이들을 중심으로 연주회를 한 거지. 카페 교회에서 말이야. 아이들이 연주하면 그 집안 식구가 모두 참석하더라구. 아빠 얼굴도 쉽게 볼 수 있어. 왜냐하면 요즘 부모들은 옛날과 달리 자녀 교육에 상당한 관심을 가지고 있잖아. 내가 어렸을 때까지만 해도 먹고 사는 것도 어려웠고 자녀들도 기본이 적게는 두 명, 많게는 대여섯 명이었기 때문에 자식들을 일일이 신경 쓸 겨를이 없었잖아.

그런데 시간이 흐르고 흘러 요즘엔 하나 아니면 두 명의 자녀를 키우는 가정이 많아. 가끔씩 자녀가 셋인 가정도 있긴 하지만 말이야. 어쨌든 자녀 숫자가 적으니 부모가 자식에게 쏟는 관심과 열정의 크기가 커졌지. 그래서 그런가 요즘엔 자녀가 하는 행사에 엄마뿐 아니라 아빠가 따라오는 경우가 많아. 거기에 주 5일 근무제가 도입되어 아빠들이 토요일에 시간적 여유가 있기도 하고 ….

그래서 연주회할 때 보면 한 아이당 적어도 두세 명, 많게는 대여섯 명까지 가족들이 따라오는 거야. 아내가 가르치는 아이들 열두 명 정도 발표회를 하는데 40명도 넘는 사람들이 참석했어. 그냥 연주회만 하면 의미가 없잖아. 그래서 자연스럽게 내가 순서를 갖는 거지. 연주회가 거의 끝나갈 무렵 타이밍을 잘 포착해서 간단한 레크리에이션으로 마음 문을 열어(참고로 난 레크리에이션 1급 자격증이 있어). 어느

정도 분위기가 좋아지면 불신자들도 거부감 없이 볼 수 있는 짧은 영상을 하나 준비해서 보여주는 거지.

　5분 메시지는 영상을 보여주기 전에 해도 되고, 영상을 보고 난 다음에 해도 상관은 없어. 나 같은 경우는 영상을 보여주기 전에 '가족사랑'에 관한 메시지를 간단하게 전했어. 어떤 영상을 보여주고 어떤 메시지를 전하는 게 정답인가 너무 머리 아프게 고민할 필요는 전혀 없어. 기도하면서 하나님이 주시는 감동대로 메시지를 전하고 영상을 보여주면 되니까. 다만 메시지나 영상을 준비할 때 주의해야 할 사항은 있어. 일단 회중 대부분이 불신자들이라는 거. 그리고 3살짜리 아가부터 80먹은 어르신들이 함께 섞여 있다는 거.

　그렇기 때문에 짧고 이해하기 쉬우면서도 강한 임팩트가 있는 영상과 메시지가 필요하다는 사실을 기억하면 좋을 거야. 혹시라도 장황한 설교를 하고 싶다면 그건 자제 하는 게 좋아. 대신 사람들이 앉아 있는 이곳이 카페인 동시에 교회라는 사실, 앞에서 말을 하고 있는 사람이 카페 사장인 동시에 목사라는 사실을 알려주고 친절한 서비스를 해주는 게 중요해.

　어쨌든 이런 연주회나 발표회는 자주 할 수는 없어. 준비하는 게 쉽지 않기 때문이야. 대신 다른 사람이 하는 연주회를 카페 교회로 유치

하면 되지. 일단 우리 카페 교회에서는 대관료를 받지 않기 때문에 비용에 대한 부담은 별로 없어. 대신 연주회를 보기 위해 오는 사람들이 커피나 음료를 사 마시게 하고 그 가격을 평소보다 약간 높게 받아. 그러니 누이 좋고 매부 좋은 거야. 왜냐하면 연주회를 여는 사람은 상당히 저렴한 가격에(물론 그만큼 전문 연주회 장소 같은 분위기는 제공하지 못하지만) 장소를 이용할 수 있고, 나는 사람들에게 카페 교회도 알리고, 수입도 얻게 되니까.

주변에 보면 의외로 이런 소규모 문화공간을 찾기가 쉽지 않아. 있더라도 대관료가 상당히 비싸고. 그렇기 때문에 카페 교회가 지역 문화공간으로 소문나고 꾸준히 연주회나 발표회를 유치할 수 있다면 전도하는데 상당히 긍정적인 영향을 끼치게 될 거야.

둘째는 독서모임이야

나는 현재 아내와 함께 독서 코치 자격증을 따기 위해서 강의를 듣고 있어. 20주 가량 되는 과정을 마치고 자격증을 받게 되면 상가와 지역에 홍보해서 독서 모임을 할 예정이야. 물론 우리 카페 교회에서 하는 것이고. 누구를 대상으로 하냐고? 물론 기본적으로는 지역 주민들이 대상이야. 상가를 드나드는 사람들이나 아파트에 살고 있는 사람들이 주요 타겟인 거지. 오전에는 주부 대상으로, 저녁이나 주말에는 초중고생을 대상으로 독서 모임을 열 생각이야. 대상이 기본적으로는 지역 주민들이지만 블로그 등을 통해서 인근 지역에 살지 않더라도 독

서 모임에 관심 있는 사람들을 모을 수도 있을 거야.

셋째는 상담이야.

카페를 운영하는 입장에서 찾아오는 사람들과 깊이 있는 대화를 나누기는 쉽지 않아. 커피 마시고 있거나 둘이 와서 수다 떨고 있는데 '혹시 신앙 생활은 하십니까?' 하며 끼어들기가 어렵거든. 그런데 좋은 아이디어가 떠올랐어. 바로 상담이야. MBTI든 에니어그램이든 도형상담이든 뭐든 간에 내가 교육과정을 이수해서 자격증이 있으면 아주 좋아.

이런 무기가 있으면 카페 교회를 찾아온 사람들에게 보다 더 깊이 있게 접근해서 대화를 나눌 수 있는 거지. 만약에 내가 MBTI 강사 자격증이 있다고 치자구. 그러면 약간 한가한 시간에 차 마시고 있는 사람에게 찾아가서 MBTI 강사 자격이 있다는 것을 알려주고 무료로 테스트 해주겠다고 하는 거지. 무료료 해주겠다는데 싫어할 사람들 그렇게 많지 않아. 웬만하면 좋다고 해. 대상이 주부라면 테스트를 해주고 자세히 설명해 주면서 신상도 파악하고 친밀감을 쌓아나가는 거지. 조금 더 나아간다면 자녀나 남편도 무료로 해줄테니 데려오라고 하면 되구.

나같은 경우는 내년 초에 에니어그램 강사 자격증을 따려고 준비하고 있어. 비용은 35만원 정도 되는데 교육기간이 길지 않아. 3일 동안 아침부터 저녁까지 집중교육을 받으면 되거든. 자! 어떤 것이든 자신이 좋아하고 다른 사람들에게 어필할 수 있는 그런 상담 자격증을 하나 가지고 그것을 통해 접근하면 좋은 결과가 있을 거야.

끝으로 커피교실을 여는 거야.

요즘 카페도 많이 생기고 커피에 관심 갖는 사람들이 상당히 많아졌어. 그러다보니 커피를 마시는 것으로 만족하지 않고 직접 만들어보고 싶어하는 사람들도 생겨나고 있어. 연령층도 다양해. 청년부터 주부, 60넘은 연세가 지긋하신 분들까지 말이지. 커피를 직접 만들어 보고 싶다는 필요를 전도의 통로로 삼는다는 거야. 어떻게? 이렇게 말이지.

카페 교회를 찾아오는 사람들이나 지역 주민들을 대상으로 커피 교실을 열 생각이야. 강습비는 아주 저렴하게 받고 교육은 카페를 오픈하지 않는 오전이나 저녁 시간을 이용하고. 물론 재료비는 따로 받아야겠지. 일반인들이 커피 만드는 방법을 배우려면 학원에 등록해야 하는데 정기적으로 시간 내는 것도 어렵고 가격도 비싸거든.

또 취미 삼아 배우려는 사람들이 많은 반면에 저렴한 비용을 내고 배울 수 있는 곳은 별로 없거든. 커피 교실을 오픈해봐야 알겠지만 사람들의 호응이 꽤 있을 거라고 기대하고 있어.

이것 말고도 방법은 얼마든지 있어. 제일 중요한건 '이런게 좋다더라' 는 다른 사람의 말보다 자기 자신의 강점이 무엇인지 파악하고 그것을 활용할 줄 아는 거야.

카라멜 마끼아또와 카페모카의 차이점은?

카페를 찾아와서 음식을 주문할 때 카페라떼와 카푸치노를 헷갈려 하는 것만큼이나 구분을 잘 못하는 메뉴가 바로 '카라멜 마끼아또'와 '카페모카' 야. 그래서 오늘은 이 두 가지 메뉴에 대해서 얘기해 줄 게.

카라멜 마끼아또는 달콤한 맛을 좋아하는 여성들이 즐겨 찾는 커피야. 커피 중에서 가장 달콤하니까. 아메리카노의 씁쓸한 맛도 깔끔하지만 때로는 단맛이 당기는 날이 있어. 그럴 땐 카라멜 마끼아또를 한잔 시켜서 천천히 음미하다 보면 하루의 피곤도, 스트레스도 말끔히 날려버리게 되지. 남자들보단 여자들이 많이 찾아. 대신 너무 달기 때문에 가끔씩 마셔야지 너무 자주 마시면 강한 단맛에 질리는 수도 있다는 사실을 기억해두라구.

자~ 그럼 카라멜 마끼아또에 대해서 간단히 설명해 볼게. '에스프레소 + 스팀밀크 + 카라멜소스 + 카라멜시럽'이 들어간 커피를 카라멜 마끼아또라고 해. 쉽게 생각하면 카페라떼에다가 카라멜 소스와 시럽을 넣은 거라고 생각하면 맞아. 지금부터는 '카라멜 마끼아또'를 그냥 마끼아또라고 할게. 마끼아또를 만드는 방법은 만드는 바리스타마다 약간의 차이가 있어. 나는 내가 만드는 방법을 알려 줄게. 가장 보편적인 방법이 아닐까 싶어.

먼저 머그컵에 카라멜 소스를 밥 숟가락으로 한 큰 술 정도 담아. 그 위에 카라멜 시럽을 세 펌핑 정도 넣어. 그리고 나서 에스프레소(50ml)를 추출해서 컵에 붓고 소스와 잘 섞이도록 저어야 해. 그 다음엔 우유(180ml)를 스팀피처에 넣고 충분한 거품이 일어나게 데우지. 충분한 거품이 이는 우유를 머그잔에 붓고 거품 위로 카라멜 소스를 보기좋게 뿌려주면 맛있는 카라멜 마끼아또가 완성된다는 사실!

이번엔 카페모카야. 카페모카는 마끼아또에 비해서 찾는 사람은 적은 편이야. 하지만 마끼아또가 달콤한 카라멜의 맛을 원하는 사람이 찾는 메뉴라면 카페모카는 커피와 함께 초콜릿의 달콤함을 곁들여 맛보고 싶은 사람들이 찾는 매력적인 커피야. 카페모카를 간단히 설명하자면 이래. '에스프레소 + 스팀밀크 + 초코소스 + 초코파우더' 즉, 카페라떼에 초코소스와 초코파우더를 뿌린 커피가 바로 '카페모카'인 거지.

카페모카를 만드는 방법에 대해서 알려줄게. 머그잔에 초컬릿 소스

172 불신자들이 스스로 찾아오는 카페교회 이야기

를 한 큰 술 정도 담아. 준비가 됐으면 에스프레소(50ml)를 추출해서 잔에 붓고 잘 섞이도록 열심히 저어줘. 그 다음엔 마끼아또와 마찬가지로 우유(180ml)를 스팀피쳐에 넣고 충분한 거품이 일어나도록 데우지. 충분한 거품으로 채워진 뜨거운 우유를 머그잔에 붓고 거품 위로 초코소스를 보기 좋게 뿌려주면 맛있는 카페모카가 완성돼. 그런데 카페모카는 기호에 따라서 생크림을 위에 얹을 수도 있어. 만약 생크림을 얹어달라고 하면 거품 위에 약간의 생크림을 얹고 그 위에 초코소스로 마무리 해주면 돼.

정리해보면, 카라멜 마끼아또는 라떼에 카라멜 소스와 시럽을 넣어 카라멜 맛이 진하게 나는 커피이고, 카페모카는 라떼에 초코소스와 초코파우더를 넣어 초컬릿 맛이 진하게 나는 커피야. 카페모카같은 경우에는 기호에 따라 생크림을 올려주기도 하고. 브랜드 카페마다 만드는 방법이 약간씩 다르기 때문에 맛도 차이가 있더라구. 그렇기 때문에 커피를 만드는 자신의 마음에 들도록 많이 만들어봐야 해. 나같은 경우는 어떤 카페의 바리스타가 실력이 있는지 없는지를 판단하는 기준을 바로 '마끼아또'를 마셔보는 것으로 삼았어. 쓴 맛의 커피가 아닌 달콤한 맛을 원한다면 '마끼아또'나 '카페모카'에 도전해 보는 것도 좋을 듯 싶어.

카페 라테(caffe latte) 라테는 '우유'를 의미한다. 에스프레소와 우유의 비율을 1:4로 섞어 부드럽다.

엑스트라 폼(extra foam) 우유거품은 커피를 따뜻하게 유지해준다. 커피를 나중에 마셔야 할 때, '엑스트라 폼'으로 주문하면 우유거품을 듬뿍 얹어준다.

Part 4

카페 교회,
나만의 노하우를
공개하다

cafe
church
story

교회에서 운영하는 카페 커피가 맛이 없는 이유

아주 여유로운 토요일 아침이야. 이렇게 카페를 오픈하지 않는 날엔 마음에 상당한 여유가 생겨. 요즘은 이게 사는 맛이 아닌가 싶어. 예전엔 끊임없이 무엇인가를 해야 보람도 있고 내 존재 가치를 인정받는 길이라고 생각했는데.

자! 넋두리는 그만하고 오늘은 교회 안에 있는 카페, 혹은 교회 밖에 있지만 교회가 운영하는 카페에서 만드는 커피가 맛이 없는 이유를 알려줄게.

미리 얘기 하지만 대한민국에 모든 교회 카페 커피가 맛이 없다고 말하는 건 아니라는거. 내가 전국에 있는 교회 카페들을 다 가본 건 아니잖아? 다만 내가 가 본 10여 군데 중 2곳 정도를 제외하고 나머지 8곳의 커피 맛이 별로였다는 경험을 기반으로 이야기하는 것이니 오해 없길 바래. 또 교회가 운영하는 카페에서 커피 마시는 분들 가운데

'내가 만드는 커피는 맛이 좋은데 뭔소리냐!' 하고 흥분하는 분들이 없길 바라고 ….

그리고 내가 말하는 '커피 맛이 좋다'가 어떤 기준인지 궁금할 거야. 그 기준은 스타벅스, 탐엔탐스, 카페베네, 엔젤리너스 같은 브랜드 카페와 비슷한 수준의 맛이야. 그 정도는 되어야 '맛이 좋은 커피'라고 생각한다는 거지. 브랜드 카페에 가서 아메리카노를 마셔본 경험이 있을 거야. 혹시 카페마다 미세한 차이가 나는 아메리카노의 다양한 맛을 비교해본 경험이 있는지 모르겠네. 나는 그런 적이 있고 지금도 기회가 되면 다른 카페를 다니며 아메리카노를 관찰하면서 마시고 있어. 이런걸 가지고 직업병(?) 이라고 하는 걸까?

대부분의 사람들은 나처럼 행동하지 않아. 왜냐하면 스타벅스면 스타벅스, 카페베네면 카페베네같이 자기취향에 맞는 한두 군데의 카페를 집중적으로 다니지. 어제는 카페베네, 오늘은 스타벅스, 내일은 엔젤리너스 이렇게 다니는 사람들은 별로 없잖아. 그러니 맛의 비교가 안 되지. 그런데 나는 카페 교회를 개척하고 4개월쯤 지나서부터 의도적으로 브랜드 카페를 돌며 아메리카노를 마셔보기 시작했어.

각 카페의 커피는 어떤 맛의 차이가 있는지, 또 내가 만드는 커피와는 어떤 차이가 있는지 알아야겠다는 생각이 들었거든. 일단 브랜드 카페에서 만들어내는 아메리카노는 맛이 다 달라. 사용하는 원두가 다르기 때문이지. 로스팅 하는 방법도 차이가 있고 … . 어쨌든 같은 아메리카노라도 맛이 다 달라. 시큼한 맛이 강한 커피, 뒷끝이 약간 쓴 커피, 부드러우면서 무난한 맛의 커피, 처음엔 떫은 것 같지만 시간이 지날수록 부드러운 맛이 느껴지는 그런 커피. 그렇기 때문에 '어디 커피는 맛이 있고 어디 커피는 맛이 없다' 라는 표현은 적절하지 않아. 이런 표현하면 이해가 되지. '어디 커피는 내 입맛에 맞고, 어디 커피는 내 입맛에 맞지 않아' 라고 말이야.

브랜드 카페의 커피 맛은 다 다르지만 농도는 비슷해. 여기서 농도라 함은 아메리카노에 들어가는 에스프레소의 양을 의미하는 거야. 여기에서 교회가 운영하는 카페에서 만들어내는 커피와 큰 차이가 생기게 돼.

본론으로 들어가 볼까?

교회가 운영하는 카페의 커피가 맛이 없는 이유는 바로 '커피 한잔에 들어가는 에스프레소의 양이 적다' 라는 거야. 브랜드 카페에서 파는 커피에 비해 맛이 연하다는 거지. 내가 이 사실을 아는 데는 반년 정도의 시간이 지난 후였어. 내가 처음에 커피를 배울 때 그 사장님께서 이렇게 알려주더라구. 아메리카노는 에스프레소를 20ml 정도 넣으면 적당하다고. 그러니까 아메리카노나 카페라떼, 카푸치노처럼 뜨거운 음료에는 20~30ml, 얼음이 들어가는 아이스 음료, 아이스아메

리카노, 아이스카페라떼, 아이스카푸치노에는 50ml정도 넣으면 된다고 배운 거지. 아메리카노에 익숙하지 않은 나로서는 에스프레소가 20ml만 들어가도 아주 쓰게 느껴졌어. 뿐만 아니라 인터넷이나 커피에 관련된 책들을 읽어봐도 그렇게 나오길래 난 그게 정답인줄 알았던 거야.

 그런데 우리 카페 교회에 와서 커피를 마시는 사람들 가운데서 커피 맛이 연하다고 얘기하는 사람들이 생기기 시작했어. 우리 카페를 찾는 사람들의 대부분은 우리 교회 교인도 아니고 대부분이 불신자야. 즉, 객관적이고 냉정한 평가를 내릴 수 있는 사람들인 거지. 커피를 마시는 80%는 커피 맛에 대해서 별 말이 없었고 20%정도가 맛이 흐리다고 얘기했기 때문에 아내와 나는 그 사람들이 입맛이 별난 거라고만 생각하고 별로 신경 쓰지 않았어. 다른 교회에서 운영하는 카페에 가서 맛을 봐도 연했으니까. 물론 커피 맛이 연하다고 하는 사람들 중 다수는 다시 오지 않았고, 그중에 소수는 에스프레소를 한 샷 더 추가해 달라고 해서 그렇게 해줬더니 계속 오는 단골이 됐어.

 그런데 어느 순간부터 비싼 돈을 내고 사 마셔야 하는 브랜드 카페의 커피 맛은 어떤지 궁금해지기 시작했어. 그게 대략 북카페 오픈한 지 4~5개월쯤 지난 시점인 것으로 기억돼. 세미나를 듣기 위해서, 또 가족 모임 때문에 서울에 갈 때마다 카페를 찾아가서 아메리카노를 마시기 시작했지. 그전에는? 물론 안 갔어. 왜? 돈이 아까웠으니까. 어쨌든 탐앤탐스, 할리스, 카페베네, 스타벅스 같은 곳에 가서 아메리카노를 마셔본 나는 깜짝 놀랐어. 내가 만든 아메리카노보다 적어도 1.5배에서 2배 정도 진했거든. '커피를 왜 이렇게 쓰게 마시나' 하는 생각이 들어 뜨거운 물을 잔뜩 부어 마셔야 할 만큼 말이지.

그런데 말이야 놀라운 일이 생기기 시작했어. 브랜드 카페의 커피를 계속해서 마시다보니 처음엔 아주 쓰고 진하다고 느껴졌던 게 '적당하다' 라는 느낌으로 바뀌더라고. 거기에 입맛이 적응한 거지. 내가 만드는 커피를 그 수준까지 끌어올리기 위해선 에스프레소의 농도가 어때야 하는지 연구하기 시작했어. 그랬더니 아메리카노는 20ml가 아니라 50ml를 넣고, 아이스 아메리카노는 50ml가 아니라 70ml정도가 들어가더라구.

나도 이렇게 내가 만든 아메리카노 안에 들어가는 에스프레소의 양을 늘리고나서야 비로소 브랜드 카페에서 파는 커피 맛과 비슷해졌다는 사실을 깨닫게 됐어. 또 한가지 재미있는 건 그전까지 연하게 커피를 만들었을 때에도 이의를 제기하지 않던 80%의 손님들이 진하게 바꾸고 난 다음에도 이의를 제기하지 않더라는 거지. 아메리카노는 진해도 금방 적응된다는 것이 내 결론이야.

자! 왜 내가 4개월이 넘도록 흐린 아메리카노를 만들게 되었을까? 문제는 커피잔의 크기였어. 내가 재료상 사장님이나 커피에 관련된 책에서 배웠을 때 아메리카노 한 잔에 들어가는 에스프레소 양이 20ml였어. 그런데 20ml는 머그잔 기준이 아니라 그것에 절반 정도 되는 커피잔을 기준으로 할 때였던 건데 나는 그걸 몰랐던 거지. 일반 카페에서 커피를 줄 때 작은 커피잔에 주지 않아. 큰 머그컵에 주거나 그와 비슷한 테이크아웃 컵에 커피를 담아서 주지. 일반 커피 잔에 비해 두 배 정도 큰 머그잔에는 당연히 에스프레소의 양도 두 배는 더 들어갔어야 했는데 그 사실을 카페를 오픈하고 한참 후에야 깨닫게 됐어. 이런 걸 시행착오라 하는 거지. 누군가 나에게 이런 사실을 알려줬으면 좋았을 텐데 말이야.

그리고 또 한가지 팁을 주고 싶은 게 있어. 내가 말하는 30ml, 50ml는 절대적 기준이 아니라는 거야. 무슨 말이냐면 에스프레소 머신마다 추출되는 에스프레소의 농도가 약간씩 달라. 에스프레소 머신은 상당히 예민해. 같은 회사에서 만들어진 기계라도 분쇄 정도나 습도 등의 차이에 의해서도 에스프레소의 농도는 미묘하게 차이가 날 정도니까.

그런데 제조회사가 다른 에스프레소 머신의 차이는 클 수 있겠지? 머신마다 이런 차이가 있기 때문에 어떤 머신은 30ml라도 다른 머신의 50ml정도의 농도로 추출되거나 50ml가 다른 머신의 30ml 정도의 농도로 추출될 수 있다는 거야. 내가 서면에 있는 커피공장에 가서 라떼아트를 배울 때 보니까 에스프레소 머신이 수동이었는데 추출되는 에스프레소 농도가 상당히 진했어. 우리 카페에 있는 머신은 아무리 분쇄 굵기나 양을 조절해도 그렇게 안 나오는걸 보면 기계적인 차이인 것 같아. 그러니까 무조건 내가 말하는 대로 뜨거운 음료는 50ml, 아이스음료는 100ml를 넣을 게 아니라 맛을 비교하면서 에스프레소의 양을 조절하는 게 지혜롭다는 말을 하고 싶어.

정리해볼게

교회에서 운영하는 카페들은 대부분 좋은 원두를 사용하는 것 같아. 길에서 파는 테이크아웃 커피점보단 훨씬 양질의 원두를 사용해서 커피를 만든다는 거지. 그런데 재료보다 더 중요한 건 에스프레소의 양 조절이라는 사실을 기억해야 해. 카페에서 커피를 만드는 사람은 다른 브랜드 카페를 돌아다니며 거기서 파는 커피 맛과 자기가 만든 커피 맛을 꼭 비교해보라는거. 이게 내가 하고 싶은 말이야.

규모는 작을수록 유리하다

돈이 별로 없는 상태에서 카페 교회를 개척하려고 할 때 고민이 시작돼. 어떤 고민이냐구? 카페지만 교회이기 때문에 행사를 하거나 사역을 하려면 어느 정도 넓은 공간이 있어야 한다는 생각이 드는 거지. 그런데 어느 정도 넓은 공간을 얻자니 돈이 많이 들고, 돈이 없으면 작은 규모의 공간을 얻을 수밖에 없고. 나 역시 교회 장소를 구할 때 사역적인 것을 생각했기 때문에 '5층이라도 좋사오니'라고 생각했단 말이야. 그런데 1년 반 정도 지나보니까 지금의 규모보다 절반 정도 작더라도 사람이 많이 왕래하는 1층으로 가는 게 더 좋았겠다는 생각이 들더라구.

지금 사용하는 공간이 실평수로 24평 정도 되는데 넉넉히 30명 규모의 모임이 가능하거든. 조금 빡빡하게 자리를 만들면 40명 정도도 가능하고. 그렇다면 일단 실평수가 14평 정도만 되어도 15명이 넉넉하게 앉을 수 있는 모임이 가능하다는 얘기가 되는 거지. 즉, 교인이 15명 될 때까지 충분히 그 장소에서 예배든 성경 공부든 가능해지는 거지. 모이는 숫자가 더 많아지면 다른 빈 공간을 빌려 사용하면 되는 거구. 어떤 사역을 하는데 꼭 그 장소만 사용해야 한다는 법은 없잖아.

규모가 작으면 지출 규모가 작아져. 관리비, 전기세 같은 것들이 줄어드는 거지. 그리고 규모를 줄여 목이 좋은 곳을 선택했기 때문에 손님은 더 많이 늘어날 것이기에 수입은 늘어나지. 목이 좋은 곳은 보증금이나 월세가 비싸긴 하지만 그만큼 수입이 생기기 때문에 너무 겁먹지 않아도 되거든. 실제로 남포동에 가면 테이크아웃을 전문으로 하는 카페가 있어. 5~6평 정도 되는 작은 규모야. 그런데 하루 매출이 평균 50~60만 원 정도 된다네. 장사가 하두 잘돼서 만든 지 2년도 안됐는데 벌써 16호점까지 냈데. 대단하지? 요즘은 카페가 하도 많이 생겨 매출이 줄기는 했다지만 말이야.

물론 규모를 작게 하는 게 무조건 장점만 있는 건 아니야. 공간이 작으면 어떤 모임을 하기 힘들어. 예를 들어 10~15명 미만이 모이는 '독서동아리'나 소규모 모임은 가능하지만 그 이상 모여야 하는 연주회나 공연, 세미나 같은 공간으로 활용되기는 어려우니까. 내 말은 무조건 규모를 작게 하라는 게 아니야. 교회를 개척할 때 재정이 충분하다면 규모가 큰 장소를 임대하면 돼. 하지만 재정이 별로 없는 상태에서 카페 교회를 개척하려 한다면 작은 규모로 시작하는 게 더 나은 선택임을 기억하셔.

목이 중요하다

오늘은 '규모는 작은 게 좋다'에 이어서 카페 교회의 자리에 대해 이야기해 볼게. '장사는 목이 중요하다'는 말이 있어. 여기서 '목'은 사람 얼굴 밑에 붙어 있는 신체의 일부를 말하는 게 아니라 당연히 '자리' '거점' '위치'의 의미를 가지고 있는 장소를 뜻해. 장사를 하는 데 있어서 무엇을 파느냐 하는 것도 중요하지만 그보다 더 중요한 건 '위치가 어디냐' 하는 거야. 그래서 스타벅스나 맥도날드, 파리바게트, 뚜레쥬르 등을 비롯한 대부분의 이름 있는 프랜차이즈는 위치 선정을 아주 중요하게 생각해. 자리세가 비싸더라도 목이 좋은 곳에 오픈하는 것을 원칙으로 삼는다는 거지. 그래서 어떤 기업은 목 좋은 곳만 찾아내는 부동산 전담팀을 운영한다고 하더라구.

예를 들어볼까? 내가 아는 집사님이 해준 얘기야. 그 집사님 지인 중의 광안리에는 바닷가 바로 옆, 그중에서도 목이 좋은 곳에 위치한 카페 사장인 분이 있대. 그분을 통해 들은 얘기를 식사자리에서 나에게 해줬어. 호텔 1층에 자리가 나서 카페를 오픈할까 생각했대. 그런데 건물주에게 물어봤더니 보증금 1억에 월세는 4,000만 원 달라더래. 보증금 1억인 건 어느 정도 이해가 되는데 월세가 4,000만 원이라니(?) 대단하지? 나 같은 사람은 시도해볼 엄두조차 못내지. 고민하던 끝에 목이 좋기 때문에 월세를 4,000만 원씩 내더라도 수익을 올릴 수 있겠다는 판단을 했대. 그래서 브랜드 카페로 오픈한 거지. 그런데 6개월도 안돼서 그 카페 월 매출이 1억 정도가 됐다네. 재료비, 직원 월급, 각종 공과금을 지출해도 상당한 수익이 남는다더라구. 이 정도면 투자할 만 하지? 그러니까 아무리 비싼 대가를 지불하더라도 목이 좋은 곳에서 장사를 하려고 하는 거겠지.

그렇다면 목이 좋다는 건 어떤 의미일까?
쉽게 얘기하면 접근성이 좋다는 말이야. 가게를 오픈했을 때 사람들이 찾아오기 쉬운 곳을 가리켜 목이 좋은 곳이라고 하는 거지. 그러기 위해서는 일단 사람들의 왕래가 많은 곳을 '목이 좋다' 라고 할 수 있어. 또 고층보다는 저층에 있는 게 유리해. 그렇기 때문에 어느 자리든 1층이 가장 비싸잖아? 그다음엔? 역세권도 목이 좋은 자리야. 버스정류장이나 지하철 근처에 있으면 사람들이 오며 가며 들를 수 있으니까.

그렇다면 카페 교회가 목이 좋아야 하는 이유는 뭘까?

그건 바로 사람들이 많이 찾아와야 하기 때문이야. 사람들이 많이 찾아와야 더 많은 사람들과 관계를 맺어 전도할 수 있잖아. 부수적으로 수입도 늘어나고. 그렇기 때문에 카페 교회로 개척하려면 목이 좋은 곳에서 시작하는 것이 좋다는 말이야.

카페 교회는 일주일 동안 교회 용도보다는 카페 용도로 더 많이 사용되지. 그냥 교회같으면 간판 보고 찾아오는 사람들은 별로 없기 때문에 사람들의 왕래가 많거나 역세권이거나 1층이어야 할 필요는 없어. 물론 후미진 곳에 위치해 있는 것 보다는 낫겠지만 말이야.

내 경우를 말하자면 우리 카페 교회가 카페로써 목이 좋은 건 아니야. 목이 좋지 않다는 건 접근성이 떨어진다는 말이지. 일단 상가 5층에 위치하고 있잖아. 지하철 양정역에 내려서 10분 이상 걸어와야 하거든. 3,000세대를 낀 아파트 상가임에도 불구하고 상가를 찾는 사람들의 수가 적기 때문에 이런 곳은 목이 좋다고 할 수 없어. 물론 하루에 20~30명은 꾸준히 찾아오니까 일반 개척 교회와 비교한다면 대단히 많은 사람들이 방문하는 것이긴 하지만 말이야.

일반 교회를 봐!

불신자들이 스스로 교회를 찾아오는 경우는 '한 푼 줍쇼!' 하시는 분들을 제외하고는 거의 없어. 전도축제다 뭐다 행사를 해도 불신자들 데려오기는 쉽지 않아. 이렇게 교회입장에서만 볼 때에는 하루에 수십 명이 방문한다는 건 고무적인 일이지만 카페적인 입장에서 볼 때에는 방문자 수가 적다는 거야. 우리 북카페처럼 1,500~2,000원짜리 커피를 파는 곳은 적어도 하루에 100명 정도 방문하면 딱 좋아. 여기서 '딱 좋다'는 말은 하루 100명 방문이면 충분히 자립할 수 있을 정도라는 말이지. 커피를 비싸게 팔고 싶다면 50명 정도 방문하면 좋고.

정리해볼게

돈이 넘치도록 많다면 목이 좋은 곳에 카페 교회를 개척하면 돼. 그런데 돈이 많지 않다면 규모를 줄이더라도 목이 좋은 곳을 선택하는 게 맞다는 거야. 발품을 많이 팔아서라도 목이 좋은 곳을 찾아보는 게 우선이라는 거. 알겠지?

자기만의 메뉴를 개발하라

오늘은 우리 카페에서 잘 팔리는 메뉴를 두 가지 소개할게. 아내가 만든 건데 가격도 저렴하고 맛도 있어서 찾는 사람들이 많아. 커피와 마시면 제격이지.

< 추억의 야채토스트 >

재료: 양배추, 당근, 양파, 부추, 오이, 계란, 식빵, 파운드마가린, 케첩, 마요네즈, 황설탕

하나. 채썬 양배추 한줌과 당근양파부추 작게 썬 것을 조금 넣고 계란 한 개를 푼다. 이때 소량의 소금, 후추로(한번 톡!)간한다. 그리고 거품이 생길 때까지 수저로 마구 저어준다.

둘. 달궈진 팬에 파운드마가린을 녹이고 달궈진 팬 위에 야채 패티를 적당히 올린다. 노르스름하게 익힌 다음 뒷면이 익도록 뒤집어준다. 뒤지개로 눌러주면서 계란 국물이 나오지 않도록 노르스름할 때까지 익힌다.

셋. 마가린을 다시 녹인 후 식빵 두 조각을 올리고 노르스름해질 때까지 굽는다. 물론 뒷면도 동일하게 굽는다. 뒷면으로 뒤집은 즉시 황설탕을 두 조각 윗면에 적당량을 뿌려준다. 여기서 적당량은 약간 달다 싶을 정도.

넷. 잘 익은 패티를 빵위에 올리고 얇게 슬라이스한 오이를 2~3조각 올려준다. 그리고 케찹과 마요네즈를 적당히 뿌려준 후 다른 식빵으로 덮어주면 끝~

<후렌치 토스트>

하나. 식빵 두 개를 대각선으로 두 번씩 잘라 8조각으로 만든다.

둘. 계란을 넣고 우유 두 큰 술 정도 넣는다. 그리고 설탕, 소금을 약간만 넣고 잘 저어준다.

셋. 적당히 달군 팬에 마가린을 두르고 계란을 묻힌 식빵을 앞뒤로 노릇하게 구워준다.

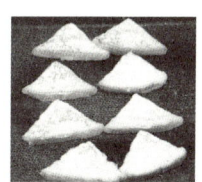

넷. 담을 접시에 시럽을 미리 뿌려놓는다. 그다음 익힌 빵을 올리고 그 위에 시럽을 한번 더 뿌린다. 너무 적게 뿌리면 맛이 심심하고, 너무 많이 뿌리면 너무 달아 쉽게 질리기 때문에 적당량을 뿌리는 게 포인트.

끝으로 시나몬파우더와 초코파우더로 마무리한다.

커피와 함께 생활의 지혜

냉장고 안의 탈취제

원두커피 찌꺼기는 기름종이에 그대로 펴서 말린다. 그런 다음 잘 오므려서 냉장고 속에 넣어두면 어느 탈취제 부럽지 않은 역할을 한다. 눅눅해지면 말려서 재사용을 해도 끄덕없다.

그릇의 기름기 없애기

기름기가 있는 그릇을 닦을 때 세제와 같이 사용하게 되면 깨끗이 닦이게 된다. 뽀득뽀득하게 기름기를 없애준다

북카페 어린왕자 메뉴와 가격

우리 카페 교회에선 어떤 메뉴를 얼마 정도의 가격에 판매하는지 궁금해하는 분들이 많더라구. 그럴거야. 나도 다른 카페에 가면 가격이 얼만지, 어떤 메뉴들이 있는지 궁금하니까. 그래서 우리 카페의 메뉴판을 공개하도록 할게.

Coffee

아메리카노 Americano	1500원
카페라떼 cafe latte	2000원
카푸치노 Cappuccino	2000원
카페모카 Cafe mocha	2500원
카라멜마끼아또 caramel macchiato	2500원

** ice= 300원 추가

Smoothie(스무디)

스무디 smoothie	2000원
딸기 스무디(strawberry)	2000원
키위 스무디(kiwi)	2000원
생과일 요거트 스무디 Frute yogurt smoothie	2500원

Juice

딸기(strawberry)주스	2500원
키위(kiwi)주스	2500원
핫초코 Hot chocolate	2000원
** ice= 300원 추가	
아이스티Ice tea	2000원
레몬(lemon)	2000원
복숭아(peach)	2000원

Tea

루이보스rooibos tea	1500원
녹차green tea	1500원
캐모마일Camomile	1500원
페퍼민트peppermint	1500원
다즐링Darjeeling	1500원
얼그레이Earl Grey	1500원
* ice= 300원 추가	
녹차라떼Greentea latte	2500원
고구마라떼Sweet potato latte	2500원
블루베리라떼Blueberry latte	2500원

side

야채토스트egg+vegetable Toast	1500원
후렌치토스트French toast	2000원
계란우유에 식빵을 적셔 구운후 시럽과 시나몬을 올린 부드러운토스트	2000원

set menu

야채토스트세트toast set
토스트+〈아메리카노(hot),우유,
오렌지(포도)주스,아이스티〉   2900원
후렌치토스트세트French toast set 3400원
후렌치토스트+아메리카노(hot)   3400원

메뉴는 대략적으로 이래. 생각보다 많지? 물론 나보다 훨씬 더 많은 메뉴를 만들어내는 교회 카페도 있겠지만 말이야. 어쨌든 우리 메뉴를 다 공개했으니 참고하길 바래.

열 번 먹으면 한 번은 공짜!!!

오늘은 서비스에 관한 노하우를 알려 줄 생각이야. '열 번 먹으면 한 번은 공짜' 라는 말이 무슨 뜻일까? 커피든 차든 스무디든 상관없이 음료를 먹을 때마다 고객카드에 하나씩 구멍을 뚫어줘. 그러나 토스트, 팥빙수는 제외야. 재료비가 많이 들어가거든. 커피나 차를 열 번 마시면 열 개의 구멍을 뚫을 수 있게 되고 그 다음 번에 음료 하나를 공짜로 주는 거야. 그런데 이 고객카드를 보관할 수 있도록 보관함을 만들었어. 지갑에 가지고 다니면 분실할 수도 있고 이런 고객카드 같은건 안 가지고 다니는 경우도 많거든. 그런데 음료를 주문한 다음에 구멍을 뚫고 바로 보관함에 넣으면 잃어버릴 염려가 없지.

이 방법은 어느 집사님이 알려준 거야. 자기가 직장근처에서 자주 가는 테이크아웃 카페가 있는데 거기서 그런 식으로 고객관리를 하는데 반응이 좋다더라구. 그래서 우리도 하고 있는데 의외로 효과가 좋

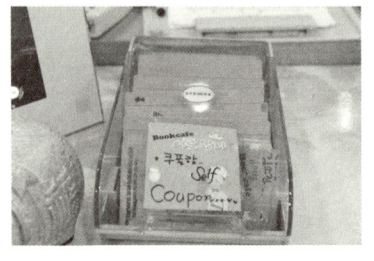
아. 10번을 채워 공짜 음료 한 잔 마시기 위해서 다른 사람에게 선심 써서 사주는 사람, 마시고 또 마시는 사람, 별 사람이 다 있다니까. 재미있는 사실은 주로 1,500원짜리 아메리카노를 주로 마시는 사람이 공짜 음료를 마실 때가 되면 그것보다 1,000원은 더 비싼 2,500원짜리 생과일주스를 마시더라구. 그게 사람의 심리인 거겠지.

참고로 열 번 찍은 고객카드를 다시 보관함에 넣어두면 찾기도 어렵고, 열 번 다 뚫은 건지 아닌지 쉽게 파악도 안 되더라구. 그래서 열 개의 구멍을 뚫은 고객카드는 따로 게시해.

이렇게 붙여놓으면 두 가지 효과가 있어. 첫째는 공짜 음료를 마시는 당사자가 쉽게 기억할 수 있다는 것. 둘째는 전시효과가 있다는 거야. 커피를 주문하러 카운터에 왔다가 자기가 아는 사람 이름이 게시되어 있으면 자극받는 거지.

집에서도 커피를 만들자 (더치커피)

 맛있는 커피를 마시려면 꼭 카페에 가야만 하는 걸까? 정답은 'NO'야. 카페에 가지 않아도 집에서 직접 만들 수 있는 개성있는 커피가 있으니까. 그게 바로 '더치커피'야. 더치커피는 17세기 네덜란드의 식민지였던 인도네시아 자바섬에서 사용되어온 커피 추출방식이라고 알려져 있어.

 커피를 좋아하던 네덜란드 상인들이 어떻게 하면 긴 항해에도 맛좋은 커피를 마실 수 있을까를 고민하기 시작했어. 왜냐하면 따뜻한 물로 추출한 커피의 경우 운반 기간 동안에 맛의 변화가 심했고 또 배 안에서는 불 피우는 것이 금지되어 있었거든. 냉장고가 만들어지기 몇 백 년 전이었으니까 그런 고민을 할 만도 하지. 그러다가 원두를 갈아서 찬물로 우려내면 오랜 시간이 지나도 맛과 향이 유지된다는 사실을 알게됐어. '네덜란드 사람이 만든 커피'라는 의미로 '더치커피'라는 이름이 붙여진 거지.

　더치커피는 뜨거운 물대신 냉수(가열하지 않은 상온수)를 사용하기 때문에 카페인도 거의 없어서 카페인에 예민한 사람들도 부담없이 즐길 수 있어. 또 신맛과 쓴맛이 적어 부드럽고 맛이 깊어. 머신으로 추출하는 에스프레소와는 전혀 다른 느낌이거든. 추출한 다음 바로 마실 수도 있지만 일주일 정도 숙성시키면 마치 와인처럼 향과 맛이 더 깊어진다네.

　추출하는 방식에 따라 한 방울씩 적셔서 우려내는 침출식과 냉수를 한꺼번에 붓고 원두를 불리듯 우려내는 침수식으로 나눌 수 있어. 둘 중 어떤 방법을 사용해도 문제될 건 없어. 다 장단점은 있기 마련이니까. 더치커피를 추출하는 기구는 가격이 비싼 편인데 저렴하게 즐기고 싶다면 스스로 만들면 돼.

　대부분 더치커피는 얼음을 넣어 시원하게 마시지만 꼭 이렇게 마셔야 한다는 원칙은 없어. 그냥 자기가 원하는 대로 마시면 돼. 예를들어 아메리카노처럼 마시고 싶다면 더치커피 원액에 뜨거운 물만 부으면 되고 달콤하게 마시고 싶다면 설탕을 넣으면 되거든.

맺는 말,
개척을 꿈꾸는 목회자들에게

　개척을 하기 전에 가장 중요한 건 개척의 '동기가 뭐냐?' 하는 거야. 개척은 두 가지로 나눌 수 있어.

　첫째, 내가 하고 싶어서 하는 개척이야. 나이가 많아 더 이상 부교역자를 할 상황이 안 되거나 개척하면 잘할 수 있겠다는 부푼 기대감을 가지고 하는 개척을 가리켜 내가 하고 싶어서 하는 개척이라고 말할 수 있겠지. 동기가 하나님께서 주신 사명이 아니라 내 의지에서 출발했기 때문이야.

　잘 알겠지만 이런 유형의 개척은 바람직하지 않아. 개척이 자기 자신의 인간적인 생각에서 비롯되었기 때문에 출발은 쉽지만 시간이 지날수록 어려워져. 왜? 생각했던 것처럼 교회가 성장되지 않거나 어려운 문제를 만나면 가장 기본적인 부분이 흔들리게 되는 거야. '내가 개척하는 게 하나님의 뜻이 아니었는데 개척해서 이 고생하고 있는 거

아냐?' 이런 생각을 하며 개척한 것을 고통스러워하고 후회하는 목회자를 봤어. 마치 하나님께서 자신을 목사로 부르셨다는 부르심에 대한 확신도, 사명감도 없이 신학교에 와서 공부하다가 중간에 이런 문제 때문에 갈등하는 사람처럼 말이지.

두 번째로는 하나님이 시켜서 하는 개척이야.
하나님께서 '개척하라!' 고 분명하게 말씀하셨기 때문에 개척하는 유형이지. 즉, 개척의 동기가 내 의지나 생각에서 비롯된 게 아니라 하나님께서 주신 사명에서 출발한 것이기에 어려운 일을 만나고 아무리 힘들어도 '내가 개척을 할 게 아니었는데 괜히 한 건가?' 같은 생각 따위는 하지 않아. 개척이 주님의 명령이요, 사명이라는 확신이 있으니까.

겉모습은 비슷한 것 같아도 개척의 동기가 다른 이 두 가지 유형의 속사람의 차이는 하늘과 땅차이라고 생각해. 그럼 내 개척의 동기에 대해서 얘기해볼까? ^^

난 2005년부터 알파와 셀, G12를 배우면서 개척에 대한 생각을 조금씩 키워나가고 있었어. 기존 교회에 담임목사가 되어 사람들의 생각을 바꾸는 것보단 힘들어도 교회를 개척해서 처음부터 내 스타일로 사람들을 훈련시켜 나가는 게 빠르겠다는 결론을 내렸기 때문이지. 하지

만 개척이 쉬운가? 그렇게 시간이 흐르고 흘러 2008년이 됐어. 5월에 사임하고 기도하기 시작했지. 개척을 할 것인지 아니면 부교역자로 가야 할 것인지를 놓고서 말이야. 솔직히 말하자면 내 마음은 90% 개척을 하고 싶었어. 정말 정말 하고 싶었어. 만약 돈이 없어서 상가를 얻어 개척하지 못한다면 가정교회라도 출발해야겠다는 마음을 먹을 정도로 개척이 하고 싶었어. 하지만 가장 중요한 것은 내가 하고 싶은 일을 하는 것보다 하나님의 뜻대로 행동하는 것이었기에 아내와 함께 매일 저녁 기도를 통해 하나님의 뜻을 물었어.

한참을 기도하는데 하나님께서 내 마음속에 이런 감동을 주셨어.
"부교역자로 가라. 거기에서 열심히 사역하다 보면 '개척'에 대한 분명한 싸인을 주겠다. 그러니 그때까지 기다려라!"
나는 하나님의 응답에 실망했어. 조금 이상하다고 느끼진 않았어? 아버지 하나님께서 기도 응답을 안 해주셨으면 실망하는 게 맞지만 응답해 주셨는데도 난 실망했잖아. 언젠가 내가 말했지. 인간은 참 연약한 존재라고. 하나님께서 응답해 주셨어도 실망하는 모습을 보면 알 수 있잖아.

내가 원한 건 '그래. 바로 지금 개척하라!' 이런 응답을 기대했는데 '지금은 아니다'라고 말씀하시니 실망했다는 말이지. 목사임에도 불구하고 하나님의 뜻에 내 뜻을 맞추려고 하기보다는 내 뜻에 하나님의 뜻을 맞추려는 어리석음이 나에게 있었어. 이렇게 개척이 너무 하고 싶은 나에게 '아직은 때가 아니니 기다려라' 라는 응답은 받아들이기 쉽진 않았지만 중요한 건 내 생각이 아니라 하나님의 뜻이였기에 순종하는 마음으로 부교역자 자리를 알아봤지. 그런데 전혀 생각지도 않게 성결교회로는 부산에서 제일 큰 S교회로 가게 된 거야. 그 S교회로 가게 된 것도 놀라운 하나님의 섭리였어. 나는 원래 부산처럼 멀리 떨어진 지방에서 사역할 생각이 전혀 없었거든.

왜냐하면 나는 서울에서 태어났고 부모님과 형제들이 다 서울에 있어. 그리고 사역도 주로 서울에서 했었기 때문에 그곳이 어디든 서울에서 멀리 떨어진 곳에서 사역하는 것에 대한 약간의 두려움과 거부감이 있었던 거야. 그래서 부산보다는 서울과 훨씬 가까운 지역에 있는 K교회에 이력서를 냈고 결정을 기다리고 있었어. 그 K교회에는 동기가 있었기 때문에 특별한 변동사항이 없으면 O.K 싸인이 날 거라고 얘기해 주더라고. 그런데 그 K교회 목사님께서 갑자기 미국으로 부흥회를 인도하시러 가게 됐어. 그것도 2주 정도 일정으로 말이지.

갑자기 시간적 여유가 생긴 나는 아내와 함께 며칠이라도 여행을 다녀오면 좋겠다는 생각이 들더라구. 그래서 어디로 갈까 고민하다가 중국으로 결정했어. 중국은 한 번도 가보지 못한데다가 여행비용도 상당히 저렴했거든. 그래서 우리나라에서 제일 큰 여행사에다 예약하고 결

재까지 끝냈어. 여행을 준비하고 있는데 여행사에서 전화가 온 거야. 우리가 여행 신청한 날에 다른 사람들이 아무도 신청하지 않았대. 그래서 우리가 원하는 날짜에 갈 수 없으니 결재를 취소하든지 아니면 그 다음 주로 날짜를 변경하라는 거야. 그 전화를 받고 당황되더라구. 왜냐하면 우리는 사람들이 가장 많이 여행간다는 금요일에 출발해서 월요일에 돌아오는 3박 4일 일정을 신청한 거거든. 예약할 때 펑크 날 확률이 거의 없다는 여행사 직원의 말까지 듣고 결한 거니까. 그런데 우리 부부 말고 아무도 신청하지 않았다니…. 어떻게 할까 고민하다가 중국 여행을 취소하기로 했어. 왜냐하면 한 주가 지난 금요일에 출발해야 하는데 그때 쯤이면 부흥회 인도 차 미국에 가신 목사님께서 한국으로 돌아오실 예정이었거든.

그래서 중국여행은 포기하고 대신 차를 가지고 경상도 지역을 3박 4일 일정으로 여행하기로 했지. 진주에 가서 유등축제를 보고 통영에서 하룻밤 잔 다음 아침 일찍 케이블카도 타고 거제도로 가서 우도를 구경하고 부산으로 향했어. 그런데 부산에는 담임목회를 하고 있는 친구가 한 명 있었어. 이창훈 목사라고.

대학 졸업하고 한 번도 만나지 못했었는데 부산까지 갔으니 한번 만나볼까 하는 생각이 들더라구. 하지만 그때까지는 그렇게 친한 사이도 아니었고, 10년 이상 연락을 안 한 상태였기 때문에 어떻게 할까 잠시 갈등도 했었어. 고심 끝에 만약 연락이 되고, 또 흔쾌히 보자는 말을 하면 만나지만 시간이 안 되거나 반응이 시원치 않으면 그냥 아내와 내가 부산을 돌아보고 서울로 돌아오자고 결정했지.

교회 주소록을 보고 핸드폰으로 전화를 했어. 통화가 되더라구. 그래서 내가 지금 부산 가서 하루 자고 내일 점심 먹고 올라올 예정인데 혹시 얼굴 볼 시간이 되냐고 물었지. 그랬더니 마침 시간이 된다는 거야. 그렇게 우연처럼 만나서 함께 식사를 했어. 이런저런 이야기를 나누는 가운데 내가 지금 이력서를 내고 결정을 기다리고 있다고 했더니 동기가 나에게 마침 부산 S교회에서 부목사를 구하고 있는데 담임목사님도 좋으시고 교회도 규모가 있으니 여기에다가 이력서를 내보라고 하는 거야.

그 말을 들으니 솔깃했어. 부산과 서울이 멀긴 하지만 KTX를 타면 3시간 밖에 안 걸리는 데다가 그때 담임목사님이신 박윤식 목사님이 예전에 태국 선교사로 사역하실 때 선교 여행가서 두 번이나 뵌 적도 있었거든. 비록 서울과 멀리 떨어진 부산에 있지만 사이즈가 큰 교회였기 때문에 내가 이력서를 낸다고 반드시 들어간다는 보장도 없기 때문에 밑져야 본전이라고 여행을 마치고 서울에 올라가자마자 이력서를 냈어. 그런데 바로 그 다음날 아침에 박 목사님께 전화가 온 거야. 당장 내려와서 면접보고 설교도 한 번 하라고 내용이었어.

금요일 저녁에 내려가서 목사님을 뵙고 철야예배 설교를 하고 다음

날 서울로 올라왔어. 주일이 지나 월요일이 됐는데 전화가 온 거야. 임시 당회를 열어서 나를 청빙하기로 결정했으니 바로 짐을 싸서 내려오라시데. 그렇게 나는 한 번도 사역지로 생각해본 적이 없는 부산으로 가게 된 거야. 이건 아무리 생각해도 전적인 하나님의 인도하심이었어. 만약 내가 이력서를 낸 K교회 목사님께서 갑자기, 그것도 2주 일정으로 미국 안가셨다면 나는 십중팔구 그 교회에서 사역 하고 있을 거야. 그것뿐인가? 내가 가기로 한 중국여행이 다른 지원자가 없어 취소되지만 않았어도 나는 K교회에서 사역하고 있었을 거야. 또 있어. 부산에 여행가서 10년 만에 친구를 만나 점심을 먹지 않았다면 난 K교회에서 사역 하고 있었을 거야.

이런 과정을 통해서 내가 부산으로 내려온 건 내 의지나 우연이 아니라 하나님의 전적인 인도하심이었다는 사실을 깨닫게 됐어. 하나님께서 나에게 '카페 교회'라는 새로운 패러다임의 교회를 개척하게 하시기 위해 연고도 없고, 갈 생각이 조금도 없었던 부산에 보내셨던 거야.

사실은 부산에서 사역하는 동안 개척을 빨리 하고 싶다는 생각은 쏙 들어가 버렸어. 5~6년은 부교역자로 더 있고 싶었거든. 왜냐하면 사역도 즐거웠고 부교역자에 대한 대우가 나쁘지 않았기 때문에 그런 좋은 환경을 박차고 나와 일찍 개척할 이유가 없었던 거지. 그런데 담임목사 교체가 계기가 되어 사임할 수밖에 없었고 개척인지 부교역자로 가는 것인지 하나님의 뜻을 묻게 된 거지. 말씀보고 기도하는 가운데 아버지 하나님께서는 '내가 말한 개척하라는 싸인이 바로 이거다'라는 깨달음을 주셨어. 기도응답을 통한 확신이 생기니까 돈 한 푼 없고, 개척 맴버도 없고, 연고지가 아닌 부산임에도 불구하고 개척을 선언하고 시작할 수 있었던 거지.

개척한 지 1년 6개월 정도 지나면서 힘든 일, 답답하고 어려운 일이 왜 없었겠어? 여러 사람들이 개척교회라고 한 번 왔다가 안 나오는 모습을 보면서 낙심도 많이 했지. 그래도 '개척을 할 게 아닌데 괜히 했나?' 하는 생각은 단 한 번도 해본 적이 없어. 왜? 내 마음속에 개척은 하나님의 뜻이라는 분명한 확신이 있었으니까.

정리해볼게

개척은 어떤 마음으로 시작했느냐 하는 동기가 참 중요해. 부교역자로 있을 상황이 아니라서 하는 개척, 나라면 잘해낼 수 있기 때문에 하는 개척은 바람직하지 않아. 물론 그런 마음을 먹고 개척했다고 100% 실패하는 건 아니야. 그런 마음으로 출발했어도 잘하시는 분들도 있으니까. 중간에라도 기도하면서 하나님의 도우심을 구한다면 왜 아버지

께서 긍휼히 여기시지 않겠어? 그러나 자기가 개척하고 싶어하는 개척보다는 하나님께서 개척하라고 말씀하시고 그런 확신을 가지고 개척을 하는 것이 훨씬 더 바람직하다는 말이지. 그렇게 하나님의 뜻 가운데 개척하면 반드시 길이 열려. 필요한 때에 물질과 사람을 보내주심은 물론이고. 용기를 가져. 마음에 품은 소망을 끝까지 붙잡길 바래. 하나님이 우리와 늘 함께 하시니까.